도요타,
초일류를 만드는
조직문화

도요타, 초일류를 만드는 조직문화

ⓒ정일구, 2007

1판 1쇄 2007년 8월 16일 발행
1판 3쇄 2009년 2월 13일 발행

2판 1쇄 2009년 8월 28일 발행
2판 4쇄 2012년 8월 3일 발행

3판 1쇄 2015년 12월 14일 발행
3판 2쇄 2017년 11월 27일 발행

지은이 정일구
펴낸이 김성실
표지 이창욱
인쇄 한영문화사
제책 천일제책

펴낸곳 시대의창   등록 제10-1756호(1999. 5. 11)
주소 03985 서울시 마포구 연희로 19-1 4층
전화 02) 335-6121 팩스 02) 325-5607
전자우편 sidaebooks@hanmail.net
페이스북 www.facebook.com/sidaebooks
트위터 @sidaebooks

ISBN 978-89-5940-589-3 (03320)

정일구 지음

도요타,
초일류를 만드는
조직문화

시대의창

그 나라의 미래는 젊은이의 교육에 달려 있다

세계 초일류로 인정받는 도요타 공장에는 방문객의 발길이 줄을 잇는다. 하지만 그 어느 기업도 도요타처럼 비즈니스와 무관한 외부인들에게 제조 현장을 완전히 개방하지는 않는다. 그런데 왜 도요타만이 경쟁 상대를 포함한 많은 정보 수집자들을 내부로 과감히 끌어들여 자신의 속살을 한 자락도 숨김없이 보여줄 수 있는 것일까.

도요타의 힘은 눈으로만 보아서는 결코 알 수 없는 그 무엇으로부터 비롯하기 때문에 도요타는 누구에게든 공장 내부를 과감히 공개할 수 있는 것이다. 그러므로 도요타라는 초일류 자동차 회사를 지나는 길에 구경삼아 방문하는 것은 좋지만, 도요타의 실체를 파악할 요량으로 일부러 시간을 내서 방문한다면 십중팔구 헛수고하는 셈이다.

사실 도요타와 동종 업체 관계자들이 도요타를 방문하는 일은 오히려 줄어들고 있다. 대개는 아무리 도요타라도 얼핏 자기네 공장과 별로 차이가 있어 보이지 않는다고 오판한 탓에 벌어지는 현상이지만 한편으로 도요타의 저력은 보이지 않는 그 무엇으로부터 비롯한다는 사실을 잘 알기 때문이기도 하다.

도요타의 저력은 하드웨어에 있지 않다. 소프트웨어 가운데서도 특히 사람의 행동을 지배하는 일의 추진 사고나 순간 상황에 대응하는 업무 방식에 녹아들어가 있어서 결과는 볼 수 있을지언정 그 과정을 관찰하는 것은 사실상 불가능하다.

어느 젊은이가 회계사 시험을 보는데, 경영학 문제 가운데 자신이 잘 알고 있다고 생각해온 도요타의 핵심 생산철학인 JIT Just In Time 문제와 마주쳤다. 하지만 자신 있게 작성한 그의 답안이 오답으로 채점되자 오기가 발동했다. 더 깊이 공부해보리라 작심한 그는 《도요타처럼 생산하고 관리하고 경영하라》(시대의창, 2004)를 완독하고 나서야 JIT를 제대로 이해할 수 있었다고 한다.

'우물 안 개구리'에서 벗어나 자기를 한 단계 업그레이드한 좋은 사례다. 만약 이 젊은이가 계속해서 본인이 다 알고 있는 양 행세하면서 오만한 마음으로 배우기를 꺼려했다면, 그 젊은이는 늘 그 수준에서 한 걸음도 더 나아가지 못했을 것이다. 기업이나 국가도 마찬가지다. 이런 사실을 깨달았으면 하는 희망이 늘 마음 한 구석에 자리잡고 있었다.

도요타의 연구와 기업 지도의 외길 27년, 그 짧지 않은 경험을 통해 기업활동에서의 숱한 장애요인과 마주쳤는데, 일선 근로자들의 그릇된 가치관과 고정관념이 개선과 혁신을 가로막는 가장 큰 장애요인이었다는 것을 깨달았다. 개별 기업을 대상으로 한 강의와 지도만으로는 다방면의 사고를 동시에 널리 전달할 수 없는 한계를 느껴 이렇게 글로 엮게 되었다. 그래서 도요타의 경영철학과 수단 중심으로 서술한 기존의 저술 내용만으로는 접근하기 힘든 많은 당면과제 해결에 실질적으로 도움이 될 만한 내용으로 채우고자 최선을 다했다.

이 책의 내용은 도요타를 연구하는 과정에서 스스로 발굴한 것, 그들의 사고와 방식을 산업현장 일선에서 우리 기업에 접목하려 노력해온 과정 가운데 느끼고 깨달은 것이다. 따라서 기존의 경영학 이론과는 상충되는 부분이 있을 수도 있지만 최종적인 가치판단은 오로지 독자의 몫이다.

도요타는 인재집단의 대표기업으로 알려져 있다. 도요타가 생각하는 인재는 명문대를 나온 머리 좋은 고학력자가 아니라 자기 분야에서 지속적으로 개선력을 발휘하는 지혜로운 사람이다. 국내 굴지의 대기업들을 대하다 보면 도요타 식 인재보다는 학벌 위주의 인재를 중시하고 있어 직원들의 지혜로운 업무추구 행위는 볼 수 없었다. 평소에 습관처럼 행해야 할 혁신활동을 무슨 연례행사인 양 한 번쯤 해보는 캠페인으로 생각하는 우리 기업 풍토도 도요타와는 큰 차이를 보이고 있다.

최근에 국내 선도기업의 어느 회장은 창조경영을 부르짖었다. 요지는, 남의 것을 흉내내는 일은 그만하고 보다 창의적인 발상으로 업무에 임해야 살아남을 수 있다는 것이다. 하지만 도요타는 이미 수십 년 전부터 창조경영을 수행해온 기업으로 전 직원의 창의적 사고와 행동만이 초일류로 성장하는 밑돌이라는 신념 아래 전 직원이 저마다 지닌 재능 이상으로 능력을 발휘하도록 지속적으로 고무함으로써 평범한 직원들 중심의 창조경영을 실현해왔다. 이제 더 이상 도요타의 약점을 캐서 그로부터 차별화의 돌파구를 찾기보다는 도요타의 강점을 넘어서는 능력을 개발하여 그로부터 경쟁력을 강화하는 길밖에 없어 보인다.

필자는 어떤 기업이나 조직도, 구성원 모두가 저마다 업무수행 능력을 개선할 수 있도록 하려면, 그리고 필요한 인재로 나날이 그 역할을 빛낼 수 있도록 하려면 타고난 인성은 그만두더라도 그 사고방식이나 행동철학에 반드시 일대 변화를 일으켜야 한다고 믿어왔다. 그래서 이제까지의 모든 연구 성과와 역량을 쏟아부어 일대 변화를 추동할 수 있는 길을 찾고자 했다. 특히 이 책을 "짧은 인생 뭐 그리 대단한 영화를 볼 일이 있다고 사고방식까지 뜯어고쳐 가며 고생해야 하느냐"고 넋두리하는 이들에게 바치고 싶다. 그리고 '초일류 도요타'는 좇아가는 대상이 아니라 극복하고 뛰어넘어야 할 대상이라고 생각하는 이들에게 권하고 싶다.

이 책은 필자의 도요타 시리즈 넷째 권이다. 이 모든 작업을 기꺼이 사명감으로 끌어안은 시대의창 김성실 대표, 늘 도요타의 추월을 함께 고민해온 출판사 직원들에게 고마운 마음을 전한다. 초일류를 추구하는 일선 근로자들에게 권면의 방법을 알려주는 젖줄의 역할을 하도록 늘 하나님께 기도하는 아내, 어떡하든 좋은 방법을 찾아내도록 동기를 준 지도기업 경영진과 사원들에게 고마운 마음을 전한다.

지은이 정 일 구

CONTENTS

PART 02　조직 경쟁력 향상을 위한 실천력의 패러다임

PART 03 초일류 조직을 향한 진화와 창조의 기업관

TOYOTA

인간이 지닌 마지막 지혜로는 '양심'이 있다. 양심은 언제나 올바른 의사결정과 의사표시를 할 수 있도록 누구에게나 기회를 제공하지만 자기방어에 급급한 보신保身 차원으로 떨어지게 되면 올바른 상황인식과 정직성을 상실하게 마련이다. 따라서 자기 자신을 속이지 않는 자세로 동료와의 대인관계나 업무에 임해야 그 정직의 덕을 입어 초일류 인재로 성장할 수 있다. 도요타에는 "한 번의 실패는 허용하지만 두 번의 같은 실패는 용서하지 않는다"는 무언의 규칙이 있다. 이는 사원들의 정직성을 키우기 위한 가장 근본적인 신상필벌의 법칙으로 자리잡고 있다.

PART 01

개인 능력 향상을 위한
도요타의 가치관과 행동규범

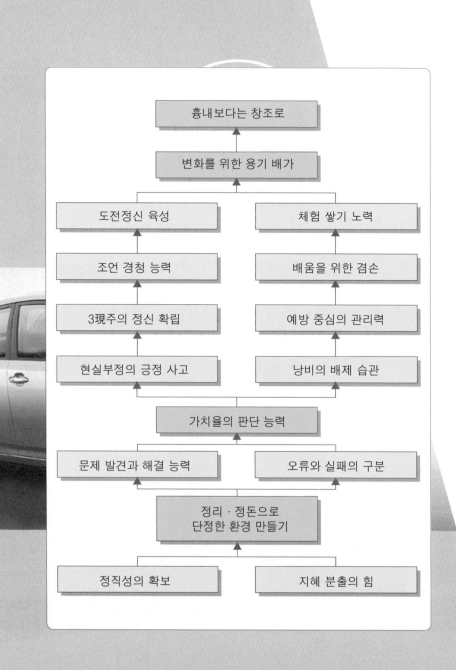

01
스스로에게 정직하자

혁신을 꺼려하는 심리와 자기기만

도요타를 벤치마킹하기 위해 기업들은 1인당 수백만 원씩 들여 관광 여행도 아닌 이상한 성격의 기업연수 여행을 다녀온다. 어차피 피부로 느끼지 못할 도요타의 행동 광경을 직접 가서 목격하고 자극을 받겠다는 명분을 내세운다.

플라스틱 사출업으로 대기업에 휴대폰 부품을 공급하는 어느 중소기업도 그 유행 대열에 끼게 되었다. 경영자는 빠듯한 자금사정에도 불구하고 몇 차례에 걸쳐 관리직을 대상으로 1억 원에 가까운 돈을 들여 도요타 연수를 다녀오게 했다. 생각지도 못한 연수 여행을 다녀온 직원들은 하나같이 도요타에 감탄하면서 "우리도 열심히 하면 그들과 같은 혁신을 이룰 수 있다"는 확신에 찬 감상문을 쏟아냈다.

이에 자극받은 경영자는 이제 자기 회사에도 혁신의 바람이 저절로 일겠구나 생각하면서 혁신추진 조직을 구성하고, 행동으로 시작하자는 의미의 발대식 날을 정해놓고 손꼽아 기다렸다. 드디어 발대식 날이 되었는데 정녕 추진의 핵심 역할을 맡은 일부 간부들이 몸이 좋지 않다는 핑계로 결근하는 사태가 일어났다. 알고보니 전날 저녁 삼삼오오 포장마차에 앉아 늦도록 술을 마시면서 도요타의 훌륭함을 떠들어대며 자기들도 잘만 하면 가능하다는 의지들을 불태웠지만 정작 행동으로 착수하는 행사에는 불참하고 만 것이다. 혁신 활동을 구경하는 것은 좋지만 그것을 실천하는 것은 극구 사양하겠다는 의도를 몸으로 표시한 것이다.

정부 조직에도 혁신의 바람이 불고 있는 것처럼 보인다. 그런 바람에 편승한 어느 관청도 일본 도요타 공장 연수를 다녀온 뒤 추가로 국내 첨단산업 현장을 '견학'이라는 명분으로 방문했는데, 그 기업은 마침 내가 직접 지도하고 있던 기업이었다. 그때 그들은 기업들이 이렇게 열심히 그리고 무섭게 혁신을 진행하고 있구나, 하는 감탄사를 연발했다고 한다. 하지만 정작 자기 직장으로 돌아가 방문 소감을 말할 때는 대개들 온갖 구구한 변명을 들어 "이런 식의 혁신은 우리와는 맞지 않다"고 했다는 것이다. 혁신도 좋지만 누군들 자기 밥그릇 줄이는 일을 자청하겠는가, 하는 데 생각이 미치면 이해 못할 바는 아니지만 참으로 한심한 작태다.

위의 두 가지 사례는 직접 목격한 것이지만 다른 대부분의 기업이나 국가 기관에서 시행하고 있는 혁신운동의 실체이자 현실이기도 하다. 말만 무성할 뿐 실천 의지도 없는 혁신운동에 그처럼 돈과 시간을 낭비하는 조직들이 지금도 많다. 남들이 하니까 우리도 하자며 덮어놓고 바람을 잡는 경영자나 실천 의지도 없으면서 그저 시늉만 하다가 도루묵으로 만드는 참여자 모두가 문제다. 이건 선의의 혁신의지를 악용하는 사기행위이자 자기 자신을 기만하는 위선이다.

정직이야말로 더욱 강해지는 원천

도요타는 세계적으로 '품질보증의 기업'으로 유명하다. 우수한 품질을 확보하게 된 가장 큰 배경은 '정직성'이다. 특히 현장 작업자들이 정직하면 그 기업에서는 불량이 발생할 수가 없다. 연계되는 수많은 공정에서 어느 한 작업자라도 정직하지 못하면 결과는 불량으로 귀착된다. 나 하나 어느 한 순간 위선적으로 산다고 해서 큰일나겠느냐는 의식으로는 도저히 그들을 따라잡을 수 없다. 하나하나의 행동에 '진정성'을 담아 승부해야만 도요타를 꺾을 수 있다.

어느 기업에서 작업장 주변 정리 방법을 개선 주제로 현장 책임자들을 가르친 적이 있다. 각 공정에서 완료한 생산품을 후속공정으로 보내기 전에 일정한 위치에 물건을 두게 하고 동시에 과다한 양이 쌓이지 않도록 위치와 수량을 통제하는 관리 방법을 가르쳤다. 그런데 개선 결과를 발표하는 자료 사진 속에서 우연히 정체불명의 물건더미를 포착했다. 이를 보고 뭔가 잘못되었다고 지적하자, 감독자는 특정 외주처로 나갈 물건을 임시로 잠시 쌓아놓은 것이라고 변명했다. 하지만 사실은 공정 이동이 유보된 불량 상품을 쌓아놓은 것으로 금세 밝혀졌다. 왜 솔직하게 불량 상품 적재 장소를 하나 더 확보했다고 하면 될 일을 군이 숨기려 했느냐고 묻자 그때서야 마치 나쁜 짓을 하다가 들킨 사람처럼 얼굴을 붉히며 시정하겠다고 했다.

스스로 불량을 만들어낸 현상을 드러내기 싫어 억지를 부리는 태도는 그들만이 아니라 모든 기업이나 조직에서 공통적으로 나타나는 현상이다. 일어난 모든 사실을 있는 그대로 처리하고 관리하면 그 이상의 문제는 발생하지 않는다. 그러나 그 사실을 덮어버리려고 위선적으로 행동할 때 자신들이 세운 목표는 자꾸 멀어져갈 뿐이고, 이렇게 들키지 않으려고 또 다른 낭비를 만드는 습관들이 조직의 발전을 가로막는다는 사실을 명심해야 한다.

도요타는 아무리 오래된 설비도 최신 설비에 못지않도록 하자를 철저하게 관리하여 활용도를 극대화하는 능력으로도 유명하다. 하지만 국내에서는 굴지의 대기업에서 현장을 지휘하는 감독자들조차도 사용 설비 기능이 조금이라도 저하되는 현상이 보이면 곧바로 설비 노후화를 들먹이며 무조건 교체하려 든다. 아주 간단한 수리만으로도 해결할 수 있는 기능 이상인데도 불구하고, 대부분이 수입 설비라 기술적인 접근을 두려워하기 때문에 덮어놓고 교체해버리려고 한다. 자신의 무능이나 무식을 덮기 위해 이처럼 아무렇지도 않게 막대한 비용을 허비하는 어처구니없는 일을 자행하는 것이다.

도요타를 방문한 많은 이들은 수십 년이 지나도록 오래된 설비를 최신 설비처럼 사용하는 도요타의 '보전 능력'에 초점을 맞추지 못하고, 그저 고리타분한 수전노 근성쯤으로 치부해버려 배울 수 있는 기회를 놓치고 만다. 도요타에는 설비의 '노후화'라는 막연한 단어는 존재하지 않고 다만 구체적인 성능 차이의 비교나 기능부품 사양의 차이에 대해서만 논한다. 이것을 뛰어넘는 사고가 있어야 도요타를 능가할 수 있다.

국내 기업들이 도요타의 5청정(5S-정리, 정돈, 청소, 청결, 마음가짐) 활동을 본받아 시행하기 시작한 때가 1990년대 초엽이다. 하지만 아직도 제대로 정착시키지 못한 채 줄곧 시행과 실패를 거듭하고 있는 것은 그 개념을 잘 이해하지 못한 때문이기도 하지만 정직하지 못한 습성이 가장 큰 원인이다.

어느 기업에 가보든 사용하지 않고 방치해둔 고가 설비가 여기저기 눈에 띈다. 설비나 장치를 선택하는 단계에서부터 오류를 범해 현장에서 사용해보기도 전에 사용 불가능한 골칫거리로 전락한 설비들을 쉬쉬하며 숨기는 습관 때문에 발생한 현상이다. 이처럼 담당자와 관리책임자가 한 통속이 되어 잘못을 숨기는 부정직한 행동 때문에 기업의 수익활동에 찬물을 끼얹는다.

원래 5청정 활동의 첫 번째 단계인 '정리' 활동은 필요와 불필요를 구분하여 불필요한 것을 버리는 행동을 말하는데, 불필요한 대상인 줄 알면서도 정리하지 못하는 내부 조건이 5청정 활동을 불가능하게 만든다. 첫 번째 단계인 정리 활동을 제대로 할 수 없으니 그 다음 단계인 정돈도 불가능하게 마련이다. 이처럼 손바닥으로 하늘을 가리려는 후안무치 때문에 모든 혁신의 의지는 초반부터 꺾이기 십상이다. 젊은 후진들이 선배들의 이런 그릇된 습성을 배우지 않기를 바랄 뿐이다. 윗선의 책임자들이 먼저 솔직한 자세를 보일 때 어떤 부서를 막론하고 정직하게 사고하고 행동하는 분위기를 고양할 수 있다.

인간이 지닌 마지막 지혜는 '양심'이다. 양심은 언제나 올바른 의사결정과 의사표시를 할 수 있도록 누구에게나 기회를 제공하지만 자기방어에 급급한 보신保身 차원으로 떨어지게 되면 올바른 상황인식과 정직성을 상실하게 마련이다. 따라서 자기 자신을 속이지 않는 자세로 동료와의 대인관계나 업무에 임해야 그 정직의 덕을 입어 초일류 인재로 성장할 수 있다. 도요타에는 "한 번의 실패는 허용하지만 두 번의 같은 실패는 용서하지 않는다"는 무언의 규칙이 있다. 이는 사원들의 정직성을 키우기 위한 가장 근본적인 신상필벌의 법칙으로 자리잡고 있다.

02
지혜는 무궁무진한 개인 자산이다

왜 지식보다는 지혜인가

지방 소재 기업을 지도하느라 국내선 비행기를 자주 이용하는 편인데, 그때마다 항공사의 '지혜'를 관심 있게 살핀다. 국내 항공사가 승객의 편의를 살펴 간단한 지혜 하나를 도출하는 데 40년이 걸린 것을 기억한다. 불과 얼마 전까지만 해도 노약자나 장애인 그리고 비즈니스 클래스 손님을 우선 탑승시키고 나머지 승객은 신경을 쓰지 않았다. 하지만 언제부턴가 뒷좌석 일반 고객들을 먼저 탑승시키는 모습을 보게 되었다. 사실 효율적인 탑승을 위해, 전체 고객의 편의를 위해 그렇게 하는 것이 상식이다. 그 상식을 깨달아 실천하기까지 40년이 걸린 셈이다.

이토록 간단한 지혜 하나가 수많은 사람에게 편리를 제공할 수도 있고 기업 수익에 커다란 영향을 미칠 수도 있다. 이렇게 매일 간단하게 나오는 전 직원의 지혜로 승부를 거는 회사가 바로 도요타다. 특별한 고급

기술도 아니고 천재경영도 아닌 단순한 직원들의 지혜 모으기가 도요타 초일류 경영의 핵심열쇠다. 많은 사람들은 특이한 모델의 개발이나 디자인 그리고 한 단계 높은 차원의 기술 확보를 창조경영이라 부르겠지만 도요타는 자그마한 개선 활동들을 꾸준히 축적하여 거대한 창조로 변화시키는 능력, 즉 "티끌 모아 태산"의 전형을 보여준다.

이런 지혜는 저절로 생긴 것이 아니라 쇠망기(1950년 파산 직전 상태)를 거쳐 오면서 겪은 고통의 세월에 대한 기억이 전 직원들로 하여금 개선에 적극적으로 임하도록 동기를 부여해주었다. 이런 사고 습관이 결국 자연스럽게 현명한 인재육성으로까지 이어져 타의 추종을 불허하는 창의성을 발휘하기에 이른 것이다.

지혜는 표층적인 경쟁요소도 아니고 상대방과 맞서서 겨루는 무기는 더욱 아니다. 다만 조직이 보유한 인적자원이 어떠한 제한도 받지 않고 무한하게 꺼내 쓸 수 있는 가용자원일 뿐이다. 지식과는 달리 지혜의 확충이나 배양에는 돈도 들지 않는 것은 물론 남이 훔쳐갈 수도 없다. 아무리 평범한 사원이라도 지혜를 자아낼 수 있는 습관을 들여주면 그는 곧 탁월한 인재로 변모할 수 있다.

도요타는 얼마 가지 못해 바닥이 드러날 '지식'만 지닌 사람을 원하지 않는다. 도요타는 지식이나 학벌이 아니라 지혜로 '인재왕국'을 건설했다. 도요타 저력의 원천은 이처럼 오래 이어온 지혜 활동이 내면화된 것이어서 눈으로 보고 금방 배워서 따라할 수 없다. 그래서 도요타는 많은 이들에게 그 속살을 거리낌 없이 보여주는 것이다.

도요타는 앞으로 어떤 조직이든 경쟁력을 갖추려면 '지혜'를 축적할 수 있어야 한다는 사실을 실증적으로 보여주고 있는 셈이다.

지혜를 쌓아가는 방식

많은 기업의 혁신을 지도하면서 "지혜의 첫 걸음은 거짓을 알아보는 것"이라는 로마의 격언을 몸소 체험한 바가 많다. 대부분의 조직 활동에는 공정이라는 부가가치 창출 과정이 있다. 제조업에서 이런 공정들을 수행하는 주체는 기계 또는 인간이다. 각 공정마다 고유의 목적을 달성하기 위한 조건이 부여되어 있는데 그 조건을 작업조건이라 한다.

자세히 살펴보면 가치창조 과정에서 원하지 않는 결과가 도출되는 경우, 특히 불량의 경우는 모두 이 조건에 오류가 있을 때 발생하는 현상에 불과하다. 진행 전에 구비할 전제조건이 불일치할 수도 있고 진행 과정의 주체인 기계나 인간이 불일치한 조건을 발생시킬 수도 있다. 그러한 잘못된 거짓조건의 발견 능력이 바로 기업의 원초적 능력에 해당한다. 목적하는 가치창조가 뜻대로 잘 안 되는 기업은 바로 이 공정 과정에서의 거짓 상황을 발견하는 능력이 뒤떨어져 있다는 것을 깨달아야 한다.

이 분야에서 가장 강력한 능력을 발휘하는 기업이 바로 도요타다. 도요타그룹을 창시한 도요다 사키치豊田佐吉는 무려 100년 전에 방직기를 개발하는 과정에서 종축 실이 끊긴 채로 계속 기계가 움직이거나 횡축 실의 교체공급이 안 된 채로 진행되면 모든 일이 허사가 된다는 점을 간파했다. 그런 결과 사람이 바로 옆에서 지켜보지 않아도 기계가 자동적으로 거짓조건을 알려주게 하는 장치를 최초로 발명한 업적을 남겼다. 이것이 그 유명한 도요타 생산 시스템의 좌청룡으로 알려진 자동화自働化 개념이다. 그 이후로 도요타는 정상이 아닌 조건 즉 거짓조건을 사전에 발견하는 데 철두철미한 회사로 성장했다. 바로 그런 사고와 지혜의 실천이 오늘날 최고의 품질과 생산성을 안겨주었다.

하지만 그런 거짓조건을 밝혀내는 지혜의 전개는 매우 치밀하고 꾸준한 연구 과정을 거쳐야 한다. 도요타에서 말하는 "생각하라"는 생각할 '사思'뿐 아니라 연구할 '고考'까지 포함한다. 사思는 단순히 기억해내는 것을 의미하고 고考는 깊이 살펴서 좋은 방법을 찾아내는 동시에 협의를 거쳐 실행안을 만들어 실천하는 것을 의미한다. 따라서 개선 제안에 대해 "그것은 불가능하다"고 말하는 것은 진정으로 개선을 원하는 사람의 연구 자세가 아니라 그저 자신의 단순 경험만을 빗대 어떻게든 개선하지 않을 핑계거리를 찾는 사람의 태도다. 그래서 도요타 내부에서는 "불가능할 것"이라는 말을 함부로 내뱉지 않는다. 그런 마음가짐이 지혜를 사라지게 해서 더 이상 연구할 수 없는 분위기를 자아내기 때문이다.

도요타의 사원 OJTOn the Job Training 시기에는 후배들이 철저하게 선배들의 명에 따른다. 혹자는 이런 분위기가 혹시 도요타의 지혜내기 원칙과 달리 반대로 부하직원들의 지혜 분출을 막는 것 아니냐는 비판을 하기도 한다. 하지만 본질적으로 선배들이 이미 연구 자세에 익숙한 사람들이기에 신입사원 시절 동안 오히려 지혜로운 선배에게 복종하면 많은 것을 배울 수 있다는 분위기가 전통으로 자리잡은 것이다. 잘 듣고 따른다는 것 자체도 지혜를 가진 후배들의 특권이 될 수 있다. 신입사원들이 설익은 열매인 채로 땅에 떨어지는 일이 없도록 선배들의 경험과 조언을 지혜 도출의 입문으로 삼게 해주는 도요타의 인재육성 전통은 상식을 초월한다.

요즈음 젊은이들은 형제가 적어 비교적 자유롭게 자라서 깊게 생각하는 것을 싫어하고, 세상에 얇게 퍼진 인터넷 지식에 의존하여 단순하게 살아간다는 비판이 일고 있다. 그리고 선배나 많은 경험을 한 윗사람에 대한 존경심도 별로 없다고들 한탄한다. 하지만 모든 젊은이가 그럴 것이라고는 보지 않는다. 일본의 젊은이들 사정도 별반 다르지 않다. 도요타와 같이 체계적인 지혜도출 습관을 기르는 인재육성법을 우리도 제대로 정착시킨다면 우리 젊은이들도 선배들의 가르침에 복종하고 얼마든지 깊은 사고에 젖어드는 습관을 키울 수 있다. 하지만 아직은 그런 조짐이 확실치 않으니 안타까울 뿐이다.

도요타가 도요타 생산방식의 완성을 통해 초일류 반열에 오르도록 결정적으로 기여한 오노 다이이치大野耐一는 지혜를 거의 실천행동에서 찾았다. 더 좋은 완전한 아이디어를 책상 위에서 찾은 것이 아니라 항상 아이디어의 실마리만 찾으면 곧바로 실천에 돌입해서 그 과정에서 지혜를 찾아낸다. 그 방법을 20년간 생산조직에 침투시켜 추진한 결과 엄청난 성과를 거뒀다. 그리고 쉬운 일도 마치 어려운 일처럼 신중하게 처리했고, 반대로 어려운 일은 쉬운 일처럼 두려움 없이 추진하는 용기를 발휘함으로써 언제나 지혜와 친할 수 있는 환경을 만들어갔다.

우리 젊은이들이 생각하기 싫다는 게으름을 떨쳐내고, "세상의 이치는 생각할 때 얻고 생각하지 않으면 잃는다"는 선현들의 말씀을 겸허하게 받아들여 실천했으면 하는 바람이다. 일을 수행하는 방법에서 가치관을 새롭게 가져 열심히 훈련할 필요가 있다.

03
단정함이 아름다운 이유

단정함을 실현하는 두 가지 방식

일은 혼자서 하든지 아니면 조직적으로 하든지 수행 과정에서 시간이 지날수록 점점 더 복잡해지게 마련이다. 성과를 얻기 위한 과정이 복잡해질수록 불필요한 자원이 더욱 늘어나게 되고 시간 운용에도 무리가 따르게 되어 사태를 더욱 꼬이게 할 수 있으므로 결국 단순화와 간결화가 문제를 푸는 핵심 열쇠일 수밖에 없다. 우리가 흔히 깔끔한 일처리라고 말하는 개념은 결과의 만족도를 뜻하기도 하고 과정에서의 불협화음이 전혀 없도록 진행하는 형태를 말하기도 한다. 이는 곧 최소의 투입으로 최대의 성과를 도출하는 경제성의 제1원칙이기도 하다.

조직적인 영리활동을 경제적으로 수행함에 있어서 깔끔한 일처리는 두 가지 형태로 이끌어낼 수 있다. 첫째로는, 비즈니스를 시작할 초기부터 계획적으로 군살이 없는 체계로 과정을 설계하여 이후 실제로 부가

가치를 창출하는 현물의 흐름과정을 가장 경제적으로 지배하게 하는 순방향Forward 추진 방식이다. 이는 곧 정보만을 다룰 수밖에 없는 시기에 보다 정확한 일처리를 통해 후에 나타날 현물흐름을 가장 경제적인 형태로 만들어간다는 의미다.

둘째로는, 이미 추진해온 기존의 비합리적 계획관리 방식이나 단순 반복적 관리행위에서 군살이 붙어온 복잡한 업무체계를 그대로 두고, 현물흐름의 과정에 국한시켜 극도의 단순화를 실행함으로써 기존의 잘못된 모든 관리적 선행업무 체계를 합리적으로 수정해가는 역방향Backward 추진 방식이다.

오늘날 뛰어난 관리 방식을 자랑하는 도요타도 초기 창업 당시에는 계획관리 수준이 선진기업에 비해 매우 뒤떨어져 있었다. 관리 방식 자체가 현물의 흐름을 경제적으로 지배하지 못했기 때문에 할 수 없이 현물의 흐름과정에서 단순함을 추구해 정보의 흐름을 담당하는 앞부분을 다시 개조시킨 형태, 즉 역방향 추진 방식으로 혁신을 추진해야 했다.

반면에 미국의 빅3는 초기에 체계적인 관리 방식을 추진함으로써 경제적인 현물의 흐름을 지배했으나 그 후 시대 변화에 대응할 수 있는 방식을 찾지 못해 혼란에 빠짐으로써 점점 더 복잡한 정보와 현물흐름의 경영 상태로 빠져버려 결국 경쟁력을 상실하고 말았다. 특히 정보만을 다루는 관리 분야에서 업무를 효율적으로 유도한다는 명분 아래 과욕을 부려 정해 놓은 규칙이나 규범이 오히려 복잡한 업무 절차가 되어버린 것은 물론 현물의 흐름까지 복잡하게 만들었다.

복잡함과 예고 없는 팽창 현상은 오히려 소멸을 재촉하는 장송곡이 되고 말았는데, 미국의 빅3가 바로 그런 운명에 빠져버린 것이다. 하지만 도요타는 현물의 흐름을 단정하게 하는 과정에서 완벽을 추구하는 정도로 발전시켜 거기서 얻은 모든 노하우를 선행정보 취급 단계에서 각 분야(영업, 개발설계, 생산기술 등)에 철저히 응용하여 전체적인 정보와 현물의 흐름을 가장 경제적인 흐름으로 체계화함으로써 미래 성장 동력을 증강할 수 있었다.

5S 활동의 진정한 의미

우리 산업현장에서 5S(일본식 발음의 영문 헤드글자 정리-Seiri, 정돈-Seidon, 청소-Seiso, 청결-Seigets, 마음가짐-Shitsuke) 활동이라 이름 붙여 활동해온 5청정 활동의 역사는 다른 어떠한 혁신 활동에 비해 깊다. 이 활동은 현장의 번잡한 상황을 극복하고 낭비 없는 현장의 현물흐름을 만들기 위해 착수했다. 하지만 그 5S가 도요타에서 출발했다고 생각하는 사람은 거의 없을 것이다. 많은 혁신 활동의 개념이나 관리 용어가 도요타로부터 출발하여 산업계에 보급되어 활용되어 왔다는 것을 아는 사람은 드물다. 5S는 그러한 개념 중에서 가장 넓게 활용되는 분야의 하나다.

대체적으로 5S는 현장의 현물을 취급하는 작업자들이 수행해야 할 대상으로 생각한다. 물론 도요타의 생산체계가 세계적으로 가장 강력한 영향을 미치기 때문에 현장에서부터 출발하는 것이 잘못된 것은 아니다. 하지만 국내 기업들은 5S 활동을 시행하고 나서 일정 기간이 지나면 예전의 상황으로 돌아가고 만다. 그러고는 다시 복구하기 위해 재차 5S 활동을 전개하는 것을 습관처럼 되풀이한다. 이러한 현상은 5S를 잘못 이해하고 받아들인 결과다.

도요타는 50년 전에 시행한 5S 활동을 현재에도 되풀이하여 진행하지는 않는다. 한 번 확고하게 시작한 개념과 활동은 항상 그 이상의 수준으로 진화하거나 앞 단계의 관리를 바르게 고쳐놓기 때문에 예전의 현물 흐름 과정에서 했던 똑같은 활동은 반복할 필요가 없다. 국내 기업들이 5S라는 하나의 기본적 활동과 개념을 정착시키지 못해 계속적으로 반복하는 것은 더 이상 진화시키지 못하고 관리 분야를 개혁시키지 못한 채 제자리만 맴돌기 때문이다.

도요타는 1950년대 초에 선진기업을 따라잡기 위한 경쟁력을 확보하기 위해 생산성 향상과 제조시간 단축이라는 양대 핵심과제를 추구하기 시작했다. 그리고 이 활동 과정에서 숱한 장애요인들과 마주쳤다. 그런 장애요인들을 묶어서 '7대 낭비'라는 이름으로 정의한 후, 사력을 다해 그 낭비들을 제거하기 위한 활동을 다시 시작했다. 하지만 낭비의 발생이 좀처럼 줄어들지 않자 낭비는 도대체 어디로부터 오는가에 초점을 맞추게 되었다. 다시 말해, 낭비가 발생된 이후의 제거 활동에 주력하는 것이 아니라 낭비의 발생 자체를 사전에 방지하는 낭비배제 활동에 초점을 맞춘 것이다. 이런 고민 끝에 새롭게 추진하게 된 것이 바로 5S 활동의 시작이었다.

예를 들어, 7대 낭비의 대표적인 낭비로 꼽히는 과잉생산의 낭비는 필요한 물건을 꼭 필요한 양만큼만 생산하는 것이 아니라 불필요한 물건 또는 필요 이상의 양을 쓸데없이 생산하는 습관에 의해 비롯된 것임을 깨달았다. 따라서 공급된 재료를 비록 효율적으로 생산했다 해도 필요 이상의 물건이 생산되었다면 아무 의미 없는 결과가 된다. 결국 현장의 말끔한 현물정리를 아무리 반복해도 과잉제조의 낭비가 해결되지 않는 현상을 보고, 무엇보다 필요한 조치는 재료투입 과정에서부터 필요한 물건을 필요한 만큼만 만들 수 있도록 시스템화하는 것이며 그 활동이 해야 할 최우선과제라는 것을 알아차렸다.

결국 우리가 아는 '정리'라는 5S의 첫 번째 활동개념이 필요와 불필요를 구분하여 필요한 것만을 취급하는 일이라고 정의한다면 현장은 물론 자재 투입을 결정하는 책임자나 그 날의 생산품과 수량을 결정하는 생산관리자, 심지어 영업요원까지 정리의 정확한 개념을 가져야 하고 정해진 규칙을 반드시 지켜야 한다는 결론이 나온다.

5S 활동은 전사적으로 수행해야 할 책무

이렇듯 5S 개념은 낭비를 사전에 없애겠다는 배제 원칙에 입각해서 출발했다. 특히 현장에서 5S 활동에 착수할 때 사무직 사원들은 자신들의 일이 아니라고 생각하고 무관심하기 쉽다. 하지만 잊지 말아야 할 것은, 생산현장에서 5S를 아무리 철저하게 실행해도 관리자의 정보관리에서 5S가 동시에 이루어지지 않으면 아무 소용없음을 인식해야 한다는 것이다. 현장의 5S 활동은 관리직 사원들의 엉성한 일처리로 생긴 것에 불과하다.

가령 현장을 정리하기 위한 활동을 하다보면 불필요한 물건이 투입되어 있는 광경이나 납품에 필요한 수량 이상의 물건이 완성된 것을 자주 목격하게 된다. 이는 관리직이 작업지시 계획을 세울 때 범한 오류 때문이다. 즉 계획자 자신이 자기가 다루는 정보업무 내용에서의 정리와 정돈을 제대로 수행하지 못한 결과다. 따라서 정보를 취급하는 관리자가 해당 일자와는 관계없는 정보들을 혼입시켜 처리하면(예를 들어, 당일의 A품목 100개에 이틀 후 생산 예정인 동일 품목 A 30개를 합해 당일에 모두 130개의 작업 지시를 내리게 되면) 현장에 무수한 낭비와 5S 활동 대상이 발생한다는 점을 명심해야 한다.

결국 5S 활동의 대상은 관리자들이 다루는 '정보'와 현장 작업자들이 다루는 '현물'의 두 가지 형태라 볼 수 있다. 그래서 5S 활동이란 전 사원이 모두 합심하여 추진해야 할 분야라는 결론이 나온다. 그 순서에서도 관리직이 우선해서 추진해야 현장 작업자들의 손을 그나마 조금이라도 덜 수 있다. 물론 현장 자체의 단순한 5S 활동으로도 부가가치 창출과정에서 발생할 수 있는 원가상승 요인을 상당 부분 제거할 수 있기 때문에 그 활동의 중요성은 나름대로 가치를 지닌다.

예를 들어, 도요타에서 추진하는 현장의 라인스톱 체계를 살펴보자. 라인의 정지 습관은 공정 진행 중에 발생하는 불량을 예방하기 위한 순간조치로 알고 있다. 하지만 만약 라인을 세우지 않고 불량 발생을 그대로 인정한 채 방치한다면 결국 불필요한 현품이 계속 돌아다니게 되는 현상과 동일하므로, 불량이 발생할 기미가 보일 때 즉석에서 양품으로 바꾸어놓는 노력은 곧 현품을 정확히 정리(불필요품의 배제)하는 행위의 일종으로 해석해야 한다. 이렇듯 도요타 현장의 모든 수단들은 일종의 5S 활동 추구 차원에서 창의적으로 고안되어 정착된 것들이 상당 부분을 차지한다.

도요타 생산방식이 전 세계적으로 으뜸가는 제조철학으로 알려져 있지만, 일부 분야에 국한되어 사용하는 것이라고 생각되는 5S의 사고와 철학을 회사 전 분야의 부서에 심어 전체의 효율을 올리는 기업이 도요타임을 아는 사람은 흔치 않다. 결국 도요타의 생산부문이 아닌 부서는 본인들이 취급하는 정보(개발, 설계, 생산기술 및 관리, 조달활동 등) 분야 업무에서 5S 활동을 철저히 실행하고 있다는 증거다.

단정함은 무한한 성장 동력을 제공한다

이제는 더 이상 5S 활동이 현장만의 독자 영역이라는 착각을 하지 않았으면 한다. 조직 내의 모든 관리직 사원이 자신의 업무 영역에서 정리를 철저히 해야 할 대상(정보)은 무엇이고, 정돈(정보 취급 포함, 예를 들어 작업량 순서 계획)을 어떻게 해야 가장 경제적이고 낭비가 발생하지 않을 것인지를 사전에 살피는 행위로 전환해야만 한다. 그리고 자신의 업무 내용 중에 청소(예를 들어 파일의 불필요한 정보 삭제)를 말끔히 해두어야 할 것은 무엇인지, 항상 청결상태(예를 들어 외주나 구매 업무에 사적 감정 배제)로 두어야 하는 업무 대상은 무엇인지를 철저하게 행동과 실천으로 옮겨야 5S의 진정한 효과를 거둘 수 있다.

서비스 업종도 마찬가지다. 예를 들어, 은행과 같은 조직에서의 5S 활동을 마치 책상서랍을 정리하고 서류파일을 가지런히 정돈하는 정도로 알고 있거나 인사할 때 몸을 더 숙이는 훈련 정도로 알고 있는데 그렇지 않다. 자신이 하는 업무 중에 고객의 관점에서 없애야 할 것은 무엇이고 전국적인 취급 업무가 아니라 지엽적인 처리가 더 효율적인 서비스는 무엇인가 하는 고민을 활발히 하여 최소의 자원으로 최대의 효율을 올리는 대고객 서비스의 일대 변환을 가져와야 한다. 그리고 유난히 큰 정보 시스템이 왜 무겁고 고비용으로 변하는지, 게다가 왜 정보처리 단계는 그렇게 많은지 하는 다양한 차원에서 검토하는 5S 활동이 요구된다.

특히 5S 내용 중에 습관화로 해석되는 '躾-Sitsuke'는 일에 앞서 '마음 가짐'이라는 깔끔한 업무 처리의 준비 태세를 의미하는 것이지, 습관적 행동이란 의미는 아닌데 잘못 해석되어 왔다. 현재 일본에서는 행동의 습관을 강조하여 '習慣-Shukan'을 더해 6S로 확장하여 활동하고 있다.

5S 활동이 중요한 이유는 현장의 청결을 유지하고 낭비를 발견하는 정도에 있는 것이 아니고, 근본적으로 기업 전체의 낭비 발생을 사전에 차단해서 거대한 경제적 이익을 가져다주는 절대 수단이기 때문이다. 그러한 엄청난 의미를 지닌 5S를 제대로 깨닫는다면 부서에 관계없이 전사적 5S 활동의 추진에 이의를 달 사람이 없을 것이고 활동 방법도 재정립하여 출발할 수 있을 것이다. 그래야 단정한 일처리가 수행되고, 그 처리 방식이 가장 경제적인 프로세스가 될 것이며, 그 자체가 그대로 이익으로 변환된다. 이 점을 전 사원들이 인식한다면 세계의 초일류 기업 명패가 뒤바뀔 수 있을 것이다. 단정함이 아름다운 이유는 간단한 상식적인 활동만으로도 달성 가능한 것이면서 동시에 무한한 성장 동력을 가져다주는 원천이기 때문이다.

04
문제발견 능력이 있으면 해결 능력도 있다

문제 종류와 형태의 인식

현재의 상태에 만족하지 못할 때 흔히 문제가 있다고 얘기한다. 불만이 발생하는 원인은 결국 문제의 미해결에 있다. 이 불만의 규모가 작게는 개인적인 업무에서부터 조직 전체의 능력 미달과 같은 큰 규모에 이르기까지 다양하게 나타나는 것은 문제들이 지속적으로 발생하고 이들이 상호 결합하며 더 큰 영향을 미치기 때문이다. 특히 기업은 양적 · 질적으로 성장하면 할수록 새로운 문제와 직면하게 마련이다.

당면한 그 문제들을 전향적으로 해결해가는 것이 조직원들의 책무이기 때문에 문제가 있거나 새로운 문제가 생기는 것 자체는 큰 문제가 아니다. 오히려 진정한 문제는 직면한 문제점을 정확히 인식하지 못하거나 판단하지 못해 태만하게 처리하고 심지어 방치하는 행동이다. 따라서 조직원의 역할은 기존의 문제와 새롭게 발생하는 문제를 지속적으로 정확하게 해결하는 것이다.

　문제의 개념은 이미 발생해서 드러난 문제, 발생했지만 알아채지 못한 문제, 숨겨져 있어서 애써 찾아내야만 알 수 있는 문제 등으로 나눌 수 있다.

　사원들을 만나 "문제가 있는가?" 하고 질문했을 때 대부분은 "특별한 문제는 없다"고 대답한다. 이런 대답의 의미는 현재 자신에게 직접 영향력을 미치는 문제는 발생한 것이 없으므로 괜찮다는 인식으로 상황에 대처한다는 것이다. 경제 활동을 하는 모든 조직에는 반드시 문제가 있고 또 계속 발생하게 마련인데 정작 문제해결의 역할을 맡은 조직원들은 이미 드러난 문제 외에 충분히 일어날 수 있는 문제 또는 겉으로 드러나 있지 않은 문제에 대한 인식 능력이 전혀 없어 보인다.

　다른 시각에서 보면 대부분의 사람들이 당면한 문제의 적극적 해결보다는 그것을 피하는 데 더 많은 시간과 정력을 소비하는 경향이 있어, 문제가 전혀 없다고 하는 것 자체를 은폐에 불과한 행동으로도 볼 수 있다. 특히 책임이 무거운 리더의 위치에 있는 사람들이 별 문제가 없다는 인식으로 조직을 이끌 때 그 조직은 목적을 달성하기 어렵다. 그래서 리더에게는 업무 관련 지식 못지않게 경솔하거나 안이한 태도로 문제를 대하지 않는 신중하고도 지혜로운 태도가 요구된다.

　일반적으로 정의하는 '문제'란 정해진 특정 기준이나 설정값에 미치지 못하는 결과가 일어날 때를 말한다. 이를 '마이너스(−) 관점의 문제' 또는 '원상복귀 차원의 문제'라 말할 수 있다. 또한 이 문제는 과거에 설정한 목표를 준수하지 못한다는 것을 뜻하기 때문에 '과거지향의 문제의식'이라고도 부른다. 예를 들어 설비가동률의 목표가 90퍼센트였는데 정지가 많이 발생해 80퍼센트에 그쳤다거나 고객과 약속한 납기일을 지키지 못한 일, 그리고 불량품이 예상보다 많이 발생한 사실 등이 여기에 해당한다.

그러나 세계 초일류를 이룩한 도요타의 문제의식은 과거와 현재의 문제의식은 물론 '미래지향의 문제의식', 즉 '플러스(+) 관점의 문제'까지 문제로 다루면서 활동한다. 현재 보유한 목표 또는 설정값에 미치지 못하는 문제는 말할 것도 없고, 현재 목표값보다 더 높은 목표를 암묵적으로 제시한 후 그 목표와 동떨어진 현재의 수준들을 문제로 삼는 차원의 사고다. 여타 기업들에 객관적으로 견준 상대 비교우위 수준에 머물러 만족하는 것이 아니라 주관적으로 도저히 따라올 수 없는 수준을 설정해놓고 현재 자신의 수준을 비교하여 그 격차를 문제로 삼아 해결해 나간다는 의미다.

예를 들어 동일한 조립 라인에서 조립하는 서로 다른 차종의 조립 시간 편차를 현재의 5퍼센트 전후에서 2퍼센트 이내로 가져간다는 식으로 목표를 잡고 추진한다. 이는 다른 기업들은 동일한 조립 라인에서 몇 차종 이상을 동시에 섞어 흘려보내는 것조차 어렵다고 느끼는 데 반해, 오히려 도요타는 차종을 무한히 달리 하더라도 최소의 격차를 추구하여 효율을 극대화하는 목표를 잡고 그 이하의 수준은 무조건 문제로 보고 개선한다는 의미다.

완전한 문제해결을 추구한다

우리 앞에 놓인 문제들은 대개 인위적으로 생긴 문제들이기 때문에 그것을 해결하는 데 인간의 능력을 초월하지는 않는다. 해결책이 없다고 푸념하기에 앞서 철저한 원인 규명이 필요하다. 그리고 문제가 없다는 개념보다는 문제가 많다는 인식이 새로운 수익을 찾아 나서기에 훨씬 수월하다. 하지만 그 많은 문제들을 통해 부가가치를 찾지 못하는 것은 문제를 바라보면서도 해결하지 못하기 때문이다. 굽은 지팡이를 곧게 펴려면 굽은 방향의 반대로 압력을 가하면 간단하듯이 문제도 그 원인을 찾아 반대로 돌려놓으면 해결이 생각보다 쉽다.

그러한 간단한 해결원리를 적용할 핵심 원인을 찾아내는 것이 쉽지 않기 때문에 도요타에서는 문제의 원인을 섣불리 추정하지 않고 철저한 발굴 수단인 '다섯 번의 왜'라는 기본적 절차를 통해 해결하고 있다. 다섯 번의 연속된 의문을 좇아가면 반대 방향의 시도만으로 해결될 핵심 원인까지 발굴할 수 있다는 단순한 논리다. 문제가 어디 있는지 또 무슨 문제인지 알면 이미 절반은 해결한 셈이라는 철학으로 굳어진 도요타에서 이미 그 위력이 증명되었다. 자세한 방법론은 제2부 25장에서 다루기로 한다.

문제를 바라보는 다각적인 관점의 보유 여부에 따라 해결력도 차이가 난다. 문제가 발생했을 때 그 문제는 내가 관리하는 영역에서의 오류로 발생한 것인가, 아니면 원천적으로 앞 단계에서 발생시킨 오류가 단지 내 영역에서 결과로 드러나는 것인가를 구분할 수 있는 능력이 필요하다. 전자를 자기과오라 하고 후자를 원천과오라 한다. 대부분의 사람들은 원천과오에 따른 문제를 본인의 해결 영역 밖이라 간주하여 그냥 덮어버리려 하는 성향이 강하다. 하지만 만성적인 미해결 문제 중에는 원천과오에 따른 것이 대부분이어서 보다 큰 이익을 창출하려면 적극적인 문제해결 의식을 가질 필요가 있다.

　문제의 해결에서 완벽성을 추구하는 것도 초일류로 가기 위해 반드시 필요한 능력이다. 문제는 있되 얼마만큼의 문제가 존재하는지를 모를 때 졸속처리가 되어 문제의 재발 현상이 생긴다. 예를 들어 암 치료를 위해 동원되는 모든 검사 방식도 환부를 직접 확인하는 검사보다 못한 것이 사실이기 때문에 어느 정도 추정에 따른 치료가 될 수밖에 없다. 따라서 문제의 겉에서만 맴돌 것이 아니라 문제 속으로 뛰어들어 도대체 어느 정도의 규모로 문제가 존재하는지를 구체적으로 살펴서 측정할 수 있어야 그에 합당한 해결책을 찾을 수 있다. 문제발견의 핵심은 바로 문제의 정량화라 해도 지나치지 않다.

　또 다른 문제해결의 아킬레스건은 차이 발생에 대한 잘못된 견해다. 흔히 계획과 실제의 차이가 기본적으로 발생할 수밖에 없다는 인식을 가진 사람이 의외로 많다. 당연히 문제의 누적으로 차이가 발생하게 마련인데, 문제가 없어도 계획과 실제의 차이는 발생할 수 있다는 그릇된 인식으로 문제해결의 기회를 차단해버린다. 만약 실제 진행상에 문제가 전혀 개입되지 않았다고 확신하면 그 결과 차이를 이유 없이 받아들일 것이 아니라 오히려 계획 단계에서 문제는 없었는지 살펴보는 다각도의 문제발견 능력이 더욱 필요하다.

　도요타에서는 신규 모델의 예상 견적작업 시간과 실제 작업 시간의 차이를 중요한 문제개입으로 보고 철저하게 의문을 가져 오류가 없는 견적 시간이라면 그 시간으로 작업이 될 때까지 문제를 발굴한다. 그것을 개선의 시발점으로 삼기도 한다.

05
오류와 실패를 정확히 인식하라

오류에 대한 이해관계와 입장의 차이

"같은 돌에 두 번 걸려 넘어지는 것은 수치"라는 그리스 속담이 있다. 작업자가 매일 규칙적으로 하는 일에 돌발 사건은 벌어지기 힘들다. 단지 작업자가 부주의해서 생긴 결과일 뿐이다.

실제로 기업을 지도할 때 한 가지 형태의 사건이 어떻게 처리되느냐에 따라 사후의 현상이 정반대로 나타나는 것을 목격한 적이 있다. 반도체 부품을 생산하는 어느 기업의 초기 공정에서 작업자가 투입할 재료를 사전에 명확히 구분하지 않고 혼합된 재료를 투입했다가 많은 양의 재료가 불량으로 판정되는 일이 벌어졌다. 그런데 이런 사건을 받아들이는 관리자나 경영자의 태도가 어쩔 수 없는 작업자 사고로 간주하고 작업자에게 주의를 주는 선에서 일을 계속 시켰는데 얼마 지나지 않아 또 다른 공정에서 동일한 일이 벌어짐을 목격할 수 있었다. 작업자들에게 자발적인 준비 자세를 유발시키지 않은 전형적인 관리 오류 사례다.

또 다른 사례로, 긴 막대형 강재鋼材를 절단하여 자동차 부품을 만드는 기업에서 일어난 일이다. 절단 작업자가 한 더미의 강재를 모두 요구 치수로 잘라 투입했는데 후속 공정에서 가열하고 부품형상을 만든 후 검사를 했더니 거의 모든 부품이 불량으로 판정됐다. 그래서 원인을 추적해보았더니 재료의 지름은 맞았지만 소재가 다른 것으로 절단했기 때문이라는 것이 밝혀졌다. 이런 황당한 상황을 맞이한 경영자는 20년 넘게 작업해온 절단 작업자를 불러 작업의 기본 원칙(해당 투입재료의 확인 절차)을 준수하지 않은 과실 책임을 물어 발생 손해의 절반에 해당되는 수백만 원을 회사에 입금시킬 것을 지시했다. 그렇지 않으면 면직도 불사하겠다는 의지를 보인 것이다. 작업자가 스스로 입금한 것은 물론 그 이후로 자재 투입의 오류는 다시 일어나지 않았고 오히려 분명한 사전 절차의 관리를 스스로 바로세우는 개선이 일어났다.

이 두 가지 문제해결 유형 가운데 기업에서 선택하는 관리 방식은 전자가 압도적으로 많다. 작업을 하다보면 실수할 수도 있는데, 그렇게 매정하게 할 것까지 뭐 있겠느냐는 인식 때문이다. 하지만 거의 대부분의 문제는 어쩔 수 없는 실수가 아니라 기본적인 사항만 지키면 얼마든지 예방할 수 있는 오류임을 알 수 있다. 그런 상황에서 작업자를 엄중문책하거나 배상을 요구하면 한 명의 작업자가 아쉬운 형편에 사직해버리면 곤란하다는 인식으로 그냥 어물쩍 넘어가기 일쑤다.

오랜 세월 얼굴을 맞댄 사람에게 책임을 묻는 것은 마치 인간의 도리가 아닌 것처럼 생각하는 그런 분위기에서 작업자에게 세심한 주의력이나 엄정한 작업규칙 준수를 기대하기 힘들다. 오류는 오류일 뿐이다. 책임은 당연히 엄중하게 물어야 하고 당사자도 책임질 줄 알아야 한다.

　현장 작업자들을 교육하는 과정에서 곰 인형 얼굴에 두 개의 눈알을 박는 동네 아주머니의 하청작업을 예로 들면서, 눈알 한 개당 얼마씩으로 계약한다는 가정을 전제로 한 질문을 던졌다. "만약 당신이 곰 인형 제작 회사 사장이라면, 곰 눈알 하나가 잘못 박힌 불량을 발견했을 때 돈을 지불해 줄 수 있느냐?"고 물었다. 그러자 거의 모든 교육생들은 아니라고 단호히 대답했다. 정작 자신이 경영자 입장이 되어서는 곰 인형 눈알 한 개의 잘못도 용서하지 않는다면서, 직원의 입장에서는 자신이 회사에 끼친 커다란 손실은 배상하기 싫다는 이중심리를 갖고 있는 것이다.

오류를 극복하고 치유하는 방법

　그렇다면 최고의 품질보증 능력을 자랑하는 도요타는 작업자 개인의 오류를 어떻게 인식할까. 도요타의 작업자들은 무엇보다 오류를 범하는 것 자체가 힘들다. 작업의 오류를 사방에서 감지해주기 때문이다. 기계 설비가 해주고, 공정간에 흘러가는 과정에서 해주지만 우선적으로 본인의 작업절차 자체가 오류를 범할 수 없도록 설계되어 있다. 즉, 오랜 경험과 개선에 의해 오류방지 환경이 시스템으로 구축되어 있다는 얘기다. 하지만 그런 환경 아래서도 작업자가 오류를 범했을 때 가장 두려워하는 것은 상사의 질책이나 배상이 아니라 동료들의 따가운 시선이다. 자기의 오류 때문에 동료들 모두의 작업 리듬이 무너지고 목적 달성에 지장을 준다는 자괴감이 금전적인 손해보다 더 크기 때문에 동료들의 시선을 가장 두려워한다.

이것을 도요타의 내압內壓경영이라 부른다. 경영자가 고객의 평가를 들먹이고 수익 악화를 열거하며 작업의 오류를 범하지 말 것을 요구하는 것이 외압外壓이라고 한다면, 이웃하는 동료가 혐오하는 점에 주의를 기울여 스스로 오류방지를 위해 주의를 기울이는 행동을 내부 환경에 의해 형성되는 내압이라 할 수 있다. 따라서 도요타에는 경영자가 늘 외부 환경을 들이대며 사원들에게 주의와 노력을 당부하지 않아도 스스로 극복하는 자생치료제가 존재한다.

도요타에서의 실패란 평범한 작업의 일상에서 일어난 오류를 말하는 것이 아니라, 사원들이 한 단계 높은 개선을 계획하고 실행하는 과정에서 일어나는 오류다. 따라서 오류와 실패는 개념이 전혀 다르다. 하지만 도요타에서는 그러한 긍정적 의미의 실패라도 한 번은 용서하되 동일한 실패는 용서하지 않는다. 평범한 작업에서의 반복된 오류도 쉽게 용서하는 우리의 풍토와는 천지 차이다.

평범한 일상생활에서도 인간은 곧잘 실수나 오류를 범한다. 그때마다 늘 하던 일이거나 보아왔던 일이라 준비 없이도 별 탈 없이 수행할 수 있을 거라는 생각에서 비롯됐다는 이유를 대지만 실제로는 자기도 모르게 습관화된 과신 행위에서 비롯한 것일 수도 있다. 그리고 오류를 범하는 자기 자신도 이해하지 못할 상황이 벌어지는 이유는 단지 익숙하다는 이유만으로 자기 앞에 주어진 일을 안이하게 대하려는 습성이 있기 때문이다. 또한 더 큰 문제는 오류의 원인을 자신의 과신에 따른 부주의로 보지 않고 작업 환경이나 남 탓으로 돌리려는 책임회피 습관이다. 그런 이유로 치명적인 자기 잘못조차도 책임을 지지 않고 어물쩍 넘어가려고 하는 것이다.

이런 과정이 되풀이되면서 생기는 더 큰 손실은, 오류를 자기 탓으로 솔직히 인정하지 못하고 적당히 넘어가려는 태도 때문에 귀중한 경험을 미래 발전의 밑거름으로 축적하지 못한 채 그 오류를 반복한다는 점이다. 그래서 과거에 늘 하던 식으로 행동하려는 습관은 항상 오류의 위험성을 내포하고 있다. 결국 우리가 지녀야 할 지혜는 자기 자신의 잘못을 충분히 인식하고 바로잡으려는 노력에서 비롯하는 것이다.

06
진정한 가치율을 계산해보자

가치율은 생산성을 좌우한다

도요타에서는 일을 세 가지 형태로 분류한다. 첫째는 직접 돈이 되는 움직임을 말한다. 즉 순수한 부가가치에 해당하는 활동을 의미한다. 둘째는 부가가치 활동을 하기 위해 어쩔 수 없이 해야만 하는 움직임을 말한다. 즉 돈이 되는 작업을 하기 위한 전제로 꼭 해야 한다고 보는 작업을 말한다. 셋째는 전혀 돈이 안 되는 불필요한 행동으로 쓸데없는 움직임을 말한다. 이 세 가지의 평균 비율분포를 표현한 일반적인 형태는 [그림 1-1]과 같다.

가령 어느 철재 조각에 구멍을 뚫는 작업을 예로 들면, 작업자가 드릴 머신의 손잡이를 오른손으로 잡고 왼손으로는 부품 박스에서 철 조각을 하나 집어 평평한 판의 가공위치로 옮겨놓을 것이다. 그런 다음 손잡이 핸들을 내려 부품 가운데로 드릴 공구가 뚫고 들어간 것을 느낀 다음 다

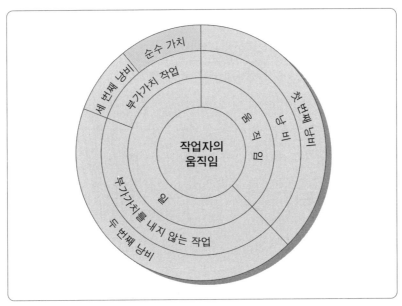

[그림 1-1] **일의 구조**

시 핸들을 위로 향하면 드릴 공구는 원위치로 복귀할 것이다. 그런 후에
는 구멍이 뚫린 부품을 왼손으로 집어낸 후 가공완성 박스에 던져 넣을

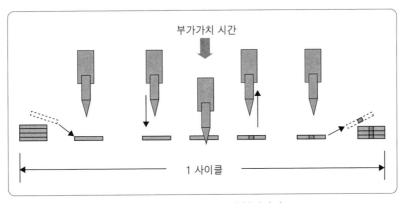

[그림 1-2] **작업 사이클과 부가가치**

것이다. 이러한 부품 하나의 가공을 위해 요구되는 총 시간을 사이클 타임이라 한다. 간단하게 표현하면 [그림 1-2]와 같다.

작업 총 시간이 5초가 걸렸다고 보고 그 가운데 돈이 되는 진정한 시간은 드릴 공구가 내려와 구멍을 뚫는 순간 1초가 될 것이다. 이때 부수적으로 필요했던 핸들 조정시간 및 부품 집어넣기와 빼기 등은 어쩔 수 없는 전제 작업으로 본다. 하지만 도요타는 이 작업 중의 부가가치인 1초만을 소중히 여겨 가치율을 측정할 때 20퍼센트(1초/5초)라고 냉정하게 평가한다. 따라서 작업 가치율 목표 100퍼센트를 지향하는 도요타로서는 아직 많은 개선의 여지가 있다고 보고 적극적으로 활동을 전개한다.

기업들은 일반적으로 부가가치를 창출하기 위해서라면 더 많은 낭비를 일삼더라도 크게 개의치 않는다. 이런 사고의 차이점이 많은 기업들로 하여금 도요타를 추월하지 못하게 하는 원인으로 작용한다. 특히 기능이 단계적이고 복잡한 설비일 경우 가치율은 현격하게 더 떨어지는 현상을 보인다. 무려 5퍼센트 미만의 가치율을 보이는 작업 대상들도 많다. 도요타의 수준은 우리보다 평균 3배 전후의 높은 가치율을 보유한 것으로 평가된다. 외부인의 눈에는 그렇게 가치율을 높이려는 도요타의 작업자들이나 엔지니어들이 마치 하루 종일 뼈 빠지게 일만 하는 기계처럼 보였을 것이다. 그러나 그런 모습은 쓸데없는 여유행동이나 낭비행동을 제거한 것일 뿐 보통사람 이상으로 힘을 들여 하는 것은 결코 없다는 점을 알아야 한다.

수많은 기업의 사원들이나 공무원들까지 도요타 공장을 견학하는데, 그들의 밀도 높은 근로형태를 보고 놀라움으로 혀를 내두르면서도 정작 자신은 그렇게까지는 할 수 없을 거라고 생각한다. 국내의 경제연구기관에서 매번 일본과의 생산성 차이를 분석하여 그 격차를 우려하는 의견을 내놓아도 근본적인 일의 가치관 차이로 인해 결코 위기감으로 받아들이지 않는 것은 어쩌면 당연하다.

돈만 있다면 자동화된 설비 시스템이 국가간의 경계를 넘어 마음대로 구축될 수 있는 환경이지만 사람의 가치관이 근본적으로 바뀌지 않으면 생산성의 차이는 극복되지 못한다. 경제를 아무리 극적으로 발전시켰어도 어느 시기부터는 더 이상 좁혀지지 않는 생산성의 격차가 존재하는데, 본질적인 가치율 사고의 전환이 없으면 그 격차 해소는 불가능하다. 외형상 산업 수준은 일본과 동일하게 보일지 모르지만 그 내실에서는 그 격차가 더 크게 벌어지고 있다.

개인의 가치율 향상은 창조경영의 출발점

우리 사회는 전통적으로 조직원의 근태 평가에서 출퇴근 시각의 간격 크기와 근무현장 이탈 정도를 평가 재료로 삼아왔다. 특히 조직 내에서 사원들의 행동반경을 각종 규제로 제한하는 문화(예를 들어 휴식시간을 강제로 지정하는 행위)가 있는 기업은 가치율 평가 체제는 없고 오로지 겉모습으로 평가하는 제도로 일관하는 수준임을 알 수 있다. 하지만 겉으로 드러난 움직임보다는 실제로 창출한 가치 기준으로 철저히 평가한다면 전혀 다른 결과를 도출할 수 있다.

사실 직장인들이 습관적으로 가장 가치를 두어야 할 시간은 회사를 벗어난 자기 소유의 시간이 아니라 회사 안에서의 근무 시간이다. 본인의 의지로 두뇌가 움직이는 시간, 즉 수면을 제외하고 활동 가능한 시간은 하루 중 불과 18시간뿐이다. 그 시간 중에 보통 10시간 전후가 회사와 관련된 시간이다. 결국 살아 있다고 볼 수 있는 하루 시간 중 60퍼센트 이상을 싫든 좋든 회사에서 일하는 데 써야 한다는 결론이다. 그렇게 기본적으로 주어진 시간에 가치를 무한히 창출해야 한다는 가치관보다는 적당히 시간을 보내고 회사를 벗어난 자유 시간에 가치 있는 것을 찾으려 하는 사람들이 더 많아지는 것 같아 안타깝다.

특히 요즘 젊은이들은 사생활 차원의 행복 추구에 치우친 나머지 업무 관련 영역보다는 개인적 기호 영역에 더 많은 시간을 투자하는 경향이 짙은 것 같다. 일 자체를 자신의 품격을 향상시키는 도구나 기회로 삼는 것이 아니라 단순히 수입원으로만 여기려 하는 것이 문제다. 그러다 보니 비록 지루하고 반복적인 단순한 일로 구성된 하급 공무원이라도 마다하지 않고 고학력자들이 지원하는 기이한 상황이 일어나고 있는지도 모른다.

해마다 같은 업무를 반복적으로 수행하면서 습관적으로 똑같은 방법만 고집하는 사람이야말로 가치율 향상에 가장 게으른 사람이다. 그런 사람은 늘 바쁘다고 떠들어댄다. 업무의 가치율에 입각한 개선의 결과는 업무 속에 늘 여유가 생기고 또 다른 업무의 창조로 이어진다. 창조경영은 현 업무의 가치율 관리로 시작하여 여유 공간을 창출하는 데서 비롯한다. 그런 바탕도 없이 창조경영을 외치는 것은 공염불이다.

조직 내에서 가치율 평가가 잘 이루어지지 않는 현상은 인사관리나 인력 수급에서도 나타난다. 우리가 흔히 말하는 일손이 부족하다는 말과 사람이 부족하다는 말은 천지 차이다. 일손이 부족하다는 말은 단순한 업무량이 증가하여 기존 능력을 초과했을 때 사용하고, 사람이 부족하다는 말은 특정 숙련 분야의 수행자가 필요할 때 사용해야 한다. 따라서 일손이 부족한 것은 개선으로 충분히 극복 가능하지만 사람이 부족한 경우는 전혀 다르다.

핵심 역할을 담당하지 않는 부서에 인원이 팽창하는 것은 일손을 개선으로 극복하지 않고 사람으로 대체해버리는 안이한 관리의 표본이라 할 수 있다. 이렇게 두 개념을 혼동하여 동일한 뜻으로 사용해 부가가치가 없는 업무에 과다한 자원을 마구 허비하는 경우가 많은 것이 사실이다. 이는 인력 활용의 가치율에 대한 가치관을 정립하지 못한 데서 오는 현상이다.

도요타는 자국 내의 생산량이 늘어나고 공장도 늘어났다. 하지만 인력은 점점 줄어들어 한때 7만 5000명에 이르던 국내 인력이 오히려 1만 명이나 줄어들었다. 엄청난 노동생산성의 향상이 아닐 수 없다. 이는 가치율에 중점을 둔 경영철학이 낳은 산물이다. 그들보다 높은 가치율을 추구해야만 그들을 앞설 수 있다.

07
긍정을 만드는 철저한 부정

창조경영의 대전제

많은 기업들이 도요타의 경영방식이나 생산방식을 업종에 관계없이 도입해 흉내를 내보려 하지만 뜻대로 되지 않고 또 어느 정도 시간이 지나면 더 진화된 모습을 보여주는 도요타의 저력에 주눅이 들어 따라가기를 포기해버린다. 그 이유는 도요타의 내부에서 단 한순간이라도 정체를 허용하지 않는 습관 때문이다. 그러한 진화의 바탕에는 미래의 진보를 위해서 지금 하고 있는 일이나 방법 자체가 아니다 싶을 때는 모조리 바꿔야 한다는 현재부정 철학이 가미되어 있음을 알아야 한다.

근래에 들어서 국내의 재벌 기업들이 강조하는 이슈의 하나가 '창조경영'이다. 창조란 기존하는 것을 벗어나는 지혜를 말한다. 창조적인 발상은 현재 적용하고 있는 기술은 물론 상식의 틀조차 과감히 부정하는 행위를 통해서만 일어날 수 있다. 하지만 많은 기업들의 업무 현장과 접촉해보면 목적을 달성하려고 추진하는 행동 속에 오래된 관습이나 먼지가 묻어나는 기준들이 많이 차지하고 있음을 발견할 수 있다.

가령 특정 공정이나 기계를 다루는 작업자나 관리자에게 현재 실행하는 작업 방법의 설계 시점을 물어보면 거의 대답을 못할 정도로 오래된 것은 물론이고 관심도 없어 보인다. 작업 기준의 원리 이해와 지침서도 없이 반복하는 행동에 대해 왜 그렇게 하는가를 물어보면 이제까지 줄곧 그렇게 해왔기 때문이라는 대답이 대부분이다. 게다가 그런 방식을 누가 설정했고 왜 그런 방법으로 시작했는지 그 이유를 알고 수행하는 것이냐고 재차 질문하면, 뭘 그런 것까지 알아야 하느냐는 표정으로 냉소를 짓는다. 이것이 우리의 현실이다. 근본을 모르니 현재의 방식에 아무런 의심을 갖지 않는다는 의미다. 그래서는 개선하지도 못한다. 고치기 힘든 고질병이다.

현장 일선에서 가치를 창조하는 사원들의 의식이 이런 상태에서는 아무리 창조경영을 부르짖어봤자 아무 소용이 없다. 단지 껍데기일 뿐인 디자인이나 특수기술에 국한된 창조로 정의한다면 반쪽짜리 창조라 할 수밖에 없다. 도요타가 갖는 초일류의 저력은 모든 분야에 종사하는 사원 전원의 창조행위로 생겨난 것이기 때문이다.

오래된 관습을 허물지 못하는 이유는, 그 관습 자체에 특별한 문제가 없는데 굳이 고치려고 고생할 필요가 없다는 뿌리 깊이 박힌 인식 때문이다. 하지만 그 관습도 사실은 현재 시점에 가장 좋은 수단으로서 적합한가에 대한 합리적인 이유가 없다면 오래된 잘못에 불과하다. 독일 극작가 괴테도 "낡은 오류만큼 새로운 진리에 해로운 것은 없다"는 명언으로 과거의 성공 체험을 과감히 버릴 것을 조언했다. 이 낡은 사고들을 새로운 사고로 교환하는 진보적인 활동이 그 어느 때보다도 가치창조를 하는 기업에게 절실하게 필요하다.

맹목적인 보수보다는 모험적인 변화 추구

세계 항공업계의 선두주자 사우스웨스트 항공은 목표를 위해서는 모든 수단과 방법은 다 동원할 수 있고 기존의 방법론은 철저히 무시할 수 있다는 원칙으로 경영해 불경기와 관계없이 지속적으로 흑자를 내는 기업이다. 따라서 과거의 성공 경험에 머무르는 게으른 직원은 발을 붙일 수 없는 조직이다. 그런 정신의 조직원으로 구성되었을 때 초일류로의 발걸음은 언제나 가능하다. 도요타가 바로 그 대표적인 기업이다. "잘못이 있을 때 고치기를 주저하지 말자"는 원칙은 도요타 현장 행동원칙의 기본이다.

도요타 생산방식의 완성자인 오노 다이이치가 활동할 때는 모든 현장의 작업 지침서가 두 달이 지나도 바뀌지 않으면 무조건 야단치면서 빨리 바꿀 것을 재촉했다. 이 사실을 상기하면 도요타 사원들이 현실부정에 익숙해지기 위해 얼마나 많은 노력을 기울였는가를 알 수 있다. 오노의 엄격한 행동은 '변화'라는 철학을 직원들 모두에게 체득시켜 주려고 한 것이었지만 실행하는 사원들의 입장에서는 단기간의 변화 요구를 힘에 겨워하는 경우도 많았다. 이처럼 무모할 정도로 변화를 주는 것이 위험할 수도 있지만 맹목적인 보수주의가 오히려 더 위험하다는 것을 오노는 직접적인 행동으로 보여준 것이다.

일반적으로 사원들은 좀더 편하고 오류가 없는 작업을 항상 원하면서도 현재의 작업방식을 벗어나지 못하는 습관이 있다. 그래서 대부분의 사람들은 현재의 방식을 부정하고 다른 각도의 사고로 출발하는 방식에 한시라도 빨리 착수하는 것이 현재의 비경제적인 작업으로부터 벗어나는 유일한 길임을 잘 깨닫지 못한다.

도요타의 내부에는 그런 게으름이나 어리석음을 강제로 일깨워주는 자극이 조직적으로 항상 일어나고 있고 심지어 "오늘을 최악의 상황으로 인식하라"는 자극들이 도요타의 진화를 추동한다. 나무가 새로운 꽃을 피우기 위해 이미 핀 꽃을 스스로 떨쳐내듯이 개인과 조직도 경쟁력 향상 과정에서 끊임없이 방법을 새롭게 하는 것을 새로운 창조를 위한 지극히 자연스러운 순환으로 받아들여야 한다.

현상의 부정을 일삼는 변화의 귀재를 우리는 가까이에서도 찾을 수 있다. LPGA에서 정상급 선수로 활약하고 있는 작은 체구의 프로골퍼 '땅콩' 김미현이 바로 변화를 즐기는 최고의 인재다. 운동선수로서는 적잖은 나이에 매우 불리한 체격조건으로 볼 때 세계 정상을 차지한다는 것이 거의 불가능하게 보이지만 매 시합마다 거의 '톱텐'을 유지하고 게다가 해마다 꾸준히 두어 번씩은 우승을 거머쥐는 '기적'을 연출하고 있다. 우승 인터뷰 자리에서도 항상 도취감보다는 부족했던 점을 스스로 지적하고, 그 부족한 점을 채우기 위해 곧바로 연습에 몰두하는 그의 태도를 보면 그의 우승이 당연해 보인다. 그는 심지어 대회 진행 중에 사용하던 골프채조차 이건 아니다 싶으면 바로 다음날 바꾸어 사용하는 현상부정의 대표적인 실천가라 할 수 있다. 바라만 볼 것이 아니라 우리 자신들 스스로가 모두 김미현이 되어야 도요타를 추월할 수 있다.

08
낭비의 제거로 승부하라

낭비가 없으면 결핍도 없다

"낭비가 없으면 결핍도 없다"는 옛말이 있다. 우리는 생활 속 구석구석에 낭비가 넘쳐나는데도 낭비 제거를 일상의 과제로 삼지는 않는다. 가령 상품을 만들기 위해 한 사람을 여덟 시간 투입한다고 가정하면 그 시간은 물건을 만들기 위해 직접적으로 노동하는 시간, 움직임이 없이 대기하는 시간, 물건 만들기와는 관계없는 시간 등 세 종류의 시간으로 구성된다. 이런 상황에서 생산성을 높이라는 주문이 왔다면 두 가지 해결책을 생각할 수 있다. 하나는 물건을 만드는 데 직접 관여된 노동시간을 단축하는 방법이고, 다른 하나는 단순한 움직임이나 대기하는 시간 등을 먼저 제거하여 자연스럽게 생산성을 올리는 방법이다.

직접노동시간을 단축하는 것은 상당히 어렵지만, 여유시간을 찾아 제거해서 가치 있는 작업시간 비율을 자연스레 높이는 역발상의 방법은 훨씬 수월할 것이다. 이 개념은 앞 단원에서 설명한 가치율 향상을 위한 하나의 해결책도 될 수 있다. 하지만 대부분의 산업 현장 또는 개인적인 일처리 상황에서 후자보다는 전자를 택하여 일을 어렵게 추진한다. 이런 비효율적 행동방식은 우리에게 아직 낭비 우선제거 차원의 사고가 형성되어 있지 않은 탓이다.

사실 마음먹고 찾으려면 찾을 수 없는 낭비란 없다. 조직원 대부분이 낭비 제거가 바람직하다는 것도 알고, 낭비가 어디에 있는지도 알며, 어떻게 하면 낭비를 제거할 수 있는지도 잘 알고 있음에도 불구하고 행동하지 않는 것은 스스로 저지르는 낭비가 파멸을 초래한다고까지는 생각하지 않기 때문이다.

기업에서 낭비가 많은 줄 알면서도 제거하지 못하는 이유는 그 낭비를 없애면 그에 따른 초과 인력을 정리할 수밖에 없다는 염려가 앞서기 때문인데, 자기 본인도 정리 대상이 될 수 있다는 공포감에 감히 발을 내딛지 못한다. 따라서 이런 현실을 무시한 채로 낭비 제거를 추진하면 당연히 강력한 저항이 따를 수밖에 없다.

특히 이런 성격의 저항은 공기업이나 국가기관과 같은 '철밥통' 조직에 만연해 있다. '국민의 정부'에서도 작은 정부를 위해 국가기관의 혁신을 시도했지만 결국 밥그릇을 빼앗기지 않으려는 내부의 집요한 저항으로 실패했고, '참여정부'도 혁신을 해보겠다는 것이 오히려 선심성 정책에 의해 열심히 낭비를 만든 결과가 되어 공무원 수가 기하급수적으로 늘고 국가기관도 팽창하는 기현상이 발생했다.

현재 조직에 속한 구성원과 업무를 존속시키기 위해 오히려 낭비를 추가로 만드는 것을 주저하지 않는다. 회계 연도 막바지가 되면 쓰고 남은 예산을 억지로 써 없애려고 교묘한 낭비를 무수히 만들어낸다. 멀쩡한 보도블록 교체는 이미 오래 써먹은 고전이고, 그 밖에도 낭비를 위한 기발한 아이디어들을 짜내느라 쟁쟁한 인재들이 재능을 낭비한다. 공적인 낭비는 대개 결재권자의 무지와 태만에 따른 것이어서 무능한 기업 경영자의 그것과 다를 바 없다. 본인들은 낭비를 제거하라고 떠들어대지만 스스로 일으킨 전략적 실패나 정책적 오류의 낭비가 더 큰 것인 줄 전혀 모르고 있다. "행정 혁신은 항상 세금의 증가와 공무원의 증가로 막을 내린다"는 오래된 야유가 있는데, 우리나라 정부도 그 야유에서 자유롭지 못하다고 생각한다.

낭비와 기업 운영의 관계 정립

도요타는 1950년도의 어려운 시기를 거치면서 다시는 똑같은 위기에 처하지 않으려고 매우 높은 목표를 정하고 모든 사원이 생산성과 스피드를 개선했다. 이때 개선 활동의 장애요인으로 나타난 7가지 요소(과잉 제조, 불량 발생, 대기시간 누적, 재고 발생, 운반의 증가, 복잡한 동작, 과잉 가공 등)를 낭비로 규정하여 적극적으로 제거하는 활동을 전개하기 시작했고 수십 년을 한결같이 활동한 결과 세계 초일류 반열에 오를 수 있었다. 이런 낭비들은 결국 시간의 낭비로 귀착되어 기업의 이익을 갉아먹는다는 것을 깨달은 도요타는 시간의 낭비를 최악의 낭비로 간주하기 시작했다. "시간의 낭비를 슬퍼하는 사람이 가장 지혜롭다"는 시인 단테의 말처럼 도요타는 시간을 수평선으로 놓고 거기에 끼어드는 모든 낭비를 제거하고자 하였다. 가치율도 그런 사고의 연장선상에서 탄생했다.

이러한 낭비들은 주로 생산 현장에서 발견하고 제거하는 것이라는 잘못된 개념을 국내 대부분의 기업에서 갖고 있는 듯하다. 낭비의 발생과 제거는 업종이나 직종 그리고 직무에 관계없이 적용된다. 단지 현물을 다루는 현장은 현품을 중심으로 활동하면 되고, 사무직이나 서비스 계통은 정보의 취급과 처리 과정을 중심으로 활동하면 된다. 사실 현장보다는 정보를 담당하는 사무직의 낭비 제거가 더 중요하다. 앞 단계의 낭비가 제거되면 뒤 단계에 해당하는 현품 중심의 생산 낭비는 자연히 사라지게 되어 있기 때문이다.

특히 건설업종과 같이 활동의 조건이 일정한 형태로 지속되지 않고 시간의 흐름 속에 늘 변화하는 환경을 가진 특이한 부가가치를 창출하는 곳에서는 도요타식 낭비 개념이 자기네와는 다르다고 주장할지 모르나 7대 낭비와 건설업의 낭비는 다른 게 하나도 없다. 단지 각각의 낭비 성격이 갖는 의미를 건설업의 용어로 근접해주어 이해하기 쉽게 하는 과제가 있을 뿐이다. 모든 업종이 마찬가지다.

기업의 경제 활동에는 세 가지 성격의 지출이 주를 이룬다. 비용을 들였음에도 아무런 역할을 못하고 버려지는 낭비 분야, 1000원의 가치를 1000원으로 구입하는 가치교환 성격의 소비 분야, 위험 관리를 동반해 1000만 원을 들여 1500만 원이 되어 돌아오게 하는 투자 분야가 있다. 매년 결산 시기가 되면 기업들은 목표 미달이 발생해 미달된 목표를 달성하기 위해 또다시 원가개선을 추가로 시도하는 노력을 반복한다. 그럼에도 번번이 효과를 거두지 못하는 이유는 예상이익을 갉아먹는 요인을 잘 파악하지 못하고 있기 때문이다.

경영진이 기대한 대로 이익이 나오지 않는 근본적인 이유는 위에 열거한 세 가지 지출에서의 오류를 범한 데에서 우선 찾아볼 수 있다.

첫째, 원가기획 또는 설계 단계에서 비용을 적게 편성한 오류가 발견되어 이익의 차질이 발생되는 경우

둘째, 생산 과정에서 예상치 못한 비목이나 비용의 소요처가 새로 생겨나는 경우

셋째, 예정된 비목이나 비용임에도 불구하고 과도하게 사용된 경우

위의 세 가지 요인 중에 가장 원가부담으로 작용되는 것은 바로 도요타에서 정의하는 '낭비'의 의미와 동일한 세 번째 요인이 된다. 위의 첫째와 둘째 요인은 해당 부분을 수정하여 수치를 바로 잡거나 차기의 원가편성에 반영하면 극복이 된다. 하지만 '낭비' 발생에 따른 만성적 요인은 낭비의 원류를 찾아 완전히 제거한 후 그 상태를 완벽하게 유지하기 전까지는 지속적으로 이익을 갉아먹을 것이다.

손실을 지배하는 두 가지 낭비

도요타에서 추구하는 원가개선은 전사적으로 추진하는 공통작전과 제품별 또는 공장별로 추진하는 부분적 원가개선으로 나눌 수 있다. 도요타의 행동철학을 벤치마킹하고 싶은 기업에서는 손실요인의 공통적 혁신요소를 찾아 집중적으로 추진하는 전사적 활동에 주목해야 한다. 도요타는 그들의 '낭비' 철학 중에서 '재고의 낭비'와 '불량의 낭비' 두 가지를 가장 고질적 병폐로 간주하여 혁신의 대상으로 삼는다.

재고와 불량이 안겨주는 피해 규모는 기업의 형태나 종류에 따라 차이가 발생하겠지만 대개 매출의 3~4퍼센트를 차지하며 평균적인 기업 이익률을 끌어내리고 있는 실정이다. 그러나 많은 경영자들이 이런 현실 상황에 둔감한 편이다. 오로지 판매가격이 내려가는 경쟁 환경과 고비용 구조를 일으키는 사회의 인프라 수준을 탓할 뿐이다. 따라서 근본적인 원가낭비 요인은 놔둔 채 판매 확대만으로 이윤을 창출하려는 데에 집착하고 있다.

가령 연간 매출이 1200억 원인 기업이 있다고 하자. 이 기업의 평균 보유 재고(완제품 재고와 재공의 합계) 가액이 1개월분이라면 100억 원이다. 이 100억 원의 운전자금으로 인해 연간 5퍼센트의 이자비용(5억 원)이 지불되고 추가 관리비용으로 약 15퍼센트(통계적 경험치)가 지출될 수 있다. 이 계산법에 따르면 연간 약 20억 원의 비용이 추가로 발생한다. 만약 생산 활동 이전에 예상한 이익률이 8퍼센트라고 한다면 예상이익은 96억 원이 된다. 그 이익 금액에서 재고 발생에 따른 손실 20억 원을 1차로 차감하면 이익률은 6.4퍼센트(76억 원)로 축소된다. 거기에 만성적인 불량의 발생으로 인한 실패 비용이 매출액의 1퍼센트에 이른다고 가정하면 12억 원의 손실이 추가로 차감된다. 결국 이익률은 당초 목표보다 훨씬 낮은 수준인 5.3퍼센트에 그친다. 물론 다른 낭비의 발생으로 생긴 추가 손실에 따른 이익 감소는 더 일어난다고 볼 수 있다. 하지만 대부분이 이 32억 원의 낭비를 막기보다는 400억 원의 추가 매출로 결손 이익을 메우려 드는 것이 근본적인 문제다.

도요타가 이 두 종류의 낭비에 중점을 두어 철저하게 '재고 0(제로)' 와 '불량 0(제로)' 활동을 추구하는 이유는 이 두 가지 낭비 모두 전 부서와 모든 인원이 관계되어 발생한다는 점 때문이고 동시에 모두에게 책임이 있기 때문에 전사적으로 치열하게 전개한다. 그러나 다른 기업들은 이와는 반대로 재고와 불량은 책임 소재가 불분명한 것으로 치부하는 동시에, 어쩔 수 없이 일어나는 기업 활동상의 손실 정도로 간주해버린 채 적극적인 개선 활동도 하지 않으려 한다. 이러한 관점에서부터 초일류 기업과 보통 기업과의 수준 차이는 심하게 벌어진다. 특히 손실 규모가 큰 재고 낭비는 다음의 세 가지 경우에 발생한다.

첫째, 고객 수주가 없는 비수기에 종업원이 대기하는 모습을 경영진이 참지 못하거나 긴급주문 시에 보유재고가 없어 영업에서 대응하지 못해 판매기회 손실이 발생하는 점을 용서하지 않는 경향을 갖고 있어 항상 과잉제조를 종용하는 습성이 있는 경우

둘째, 생산계획 담당자가 다품종소량으로 현장이 겪는 불편한 작업 사정을 고려한다는 핑계로 아직 납기일이 여유가 있는 동일 제품을 현재의 작업 지시에 한꺼번에 묶어 생산 지시를 내렸으나, 계속되는 긴급 수주로 인해 이미 묶어서 진행한 선행 생산품을 현장에 일시적으로 방치한 채로 생산을 보류하는 행위를 할 때

셋째, 현장 작업자가 다품종소량 생산에 의한 가동률 저하와 불량 발생을 핑계로 품종 교체의 행위를 가능한 한 기피하기 위해 단위작업의 로트를 대량화하는 동시에 불량 발생을 감안한 추가 투입량을 요구하는 습관이 있을 때

이 세 가지 악습이 변화되지 않는 한 재고 손실은 극복될 수 없다. 만

약 이를 극복하는 기업이라면 분명히 초일류기업으로 성장할 것이다. 하지만 현재 대부분의 기업에서는 낭비의 발생과 이익의 인과관계 또는 이익 추구와 개선 활동의 연계성을 정확하게 인식하지 못한 나머지 도요타 방식을 유용하게 활용하지 못하고 있는 실정이다. 따라서 낭비의 기초개념부터 정확히 터득하고 관계원리에 입각한 당연한 활동들을 도요타와 같이 철저히 추구하면 손실비용 감축이나 이익 증대는 어렵잖게 실현할 것이다.

도요타의 낭비 배제 또는 제거 개념을 쉽게 이해하려면 해수면에 드러난 빙산을 낭비의 산이라 간주하고 깨기 시작한 석공에 비유할 수 있다. 빙산은 바다 위에 불과 7분의 1밖에 모습을 드러내지 않기 때문에 윗부분에 걸터앉아 웬만큼 낭비제거 행동을 하면 없어질 줄 알고 깨기 시작하면 소용없다. 깬 빙산만큼 아래 부분의 빙산이 수면으로 치고 올라오기 때문에 항상 제자리걸음하는 것처럼 느낄 것이다. 지속된 제거 행위가 결국 빙산을 모두 파괴해 석공은 바다 속으로 빠질 거라고 염려하겠지만, 위에서 빙산을 제거하고 있을 때 하부에서는 새로운 빙산이 계속 추가(신모델 출시와 신공장 건설로 새로운 낭비 분야 발생)됨으로써 결국 석공이 대를 이어 파괴해도 끝이 없다는 결론에 이른다.

이런 개념으로 출발한 것이 도요타의 낭비 '0' 도전 개념이다. 도요타는 낭비제거 행동 자체를 일상화한 세계 유일의 기업이다. 이 현상을 이미지로 쉽게 표현하면 [그림 1-3]과 같다. 도요타라는 조직이 존속하는 한 초일류를 유지하기 위해서 그들은 계속 석공의 역할을 다할 것이다.

우리가 도요타를 앞지를 수 있는 길은 그들의 낭비제거 속도보다 더

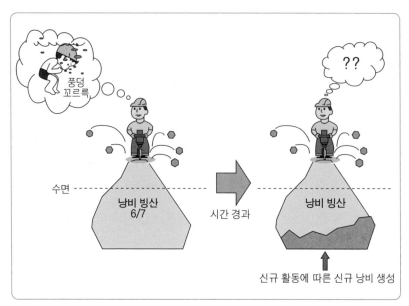

[그림 1-3] **낭비제거 활동의 영속성**

빠르게 낭비를 제거함은 물론 새로 추가되는 군살 빙산의 생성 스피드
보다 항상 더 빠른 속도로 빙산을 제거하려고 노력하는 것이다.

09
현지 · 현물 · 현실의 파악이 최고의 수단

현실파악이 중요한 이유

현실파악에 관한 얘기가 나오면 월남전 초기(1960년대 중반)에 중대 병력을 이끌고 수색을 나갔다가 연대병력의 베트남군에 포위되었어도 '브로큰 애로우(전멸 각오)'를 통보하면서까지 끝까지 싸워 승리한 장교가 떠오른다. 당시에 대대장이었던 할 무어 중령은 후에 중장까지 진급한 존경받는 군인이었다. 할 무어가 전장에서 구사한 3문법問法 확인은 경영 철학의 하나로 경영학에서도 연구되는 논리다.

첫째, 현재 일어나고 있는 일은 무엇인가?
둘째, 현재 일어나고 있지 않는 일은 무엇인가?
셋째, 나는 여기에 어떠한 영향을 미칠 수 있는가?

단순한 3문법 사고방식이 주목받는 이유는 조직의 생명과 운명을 책임지고 이끌어야 할 리더가 상황을 판단하고 행동을 지시하기에 앞서 '현재의 사실확인'에 최우선순위를 두었다는 점이다. 그리고 사실확인이 불충분하다고 느낄 때에는 상황을 속단하지 않고 결정적인 사실들을 지속적으로 수집하고 관찰하여 확신에 이르렀을 때 대응책을 결정하는 행동철학 때문이다.

당면 사안을 판단하는 데 근거가 충분하지 않을 때, 의문을 갖고 사실관계를 파헤치는 것은 오류를 범하지 않으려는 리더의 건전한 책임의식이다. 할 무어는 절체절명의 위기 상황일수록 현실을 제대로 파악해야 한다는 신념이 확고했기 때문에 긴박한 전투상황에서도 곳곳에 정탐을 보내 현실을 정확히 파악할 수 있었다. 그런 냉정한 현실 인식을 바탕으로 완벽한 대응책을 궁리하여 '믿기 어려운' 승리를 거둔 것이다.

많은 오류는 현재의 사실을 확인하지 않는 데서 온다. 의사결정자가 일이 실제로 벌어지는 장소에서의 현재 상황과 관리 대상이 되는 현물들의 상황을 사실 그대로 보고 행동해야 함에도 불구하고 과거의 기억이나 적당한 추측으로 진행함으로써 예상치 못한 손실을 초래한다. 따라서 항상 의사결정에 앞서 자기가 보유한 정보가 가장 최신의 현장 정보인가를 다시 확인할 필요가 있다.

1970년대의 오일쇼크 시대가 지나가면서 미국 자동차 기업들은 소비자의 변화 패턴을 읽지 못하고 늘 하던 대로의 주관적 판단으로 사업을 추진했고, 도요타와 혼다는 미국 소비자의 기호 변화를 세밀하게 관찰하여 경제적인 연비의 소형차 전략을 성공시킬 수 있었다. 하지만 닛산은 같은 일본 기업임에도 불구하고 소비자 심리를 제대로 읽지 못한 탓에 엉뚱한 차종을 전략 상품으로 삼아 시장에서 실패함으로써 이류기업으로 전락해버렸다.

문제해결의 첫째 열쇠는 현실정보 파악

기업에서는 설계를 마치고 생산에 착수할 때 숱한 오류가 발생한다. 설계 담당 엔지니어들이 시간부족을 핑계로 삼아 사실확인 행동에 소홀함으로써 의도하지 않았던 손실을 초래하곤 한다. 그래서 도요타는 생산을 담당하는 현지 전문가들을 항상 설계 단계에 적극 참여시켜, 설계자들이 일부러 관찰해야 할 현실 정보를 채워나가는 전략으로 개발을 추진함으로써 개발 기간의 최소화와 양산 초기의 오류 발생 억제라는 두 마리 토끼를 다 잡을 수 있었다.

현물의 흐름 전체를 한 곳에서 통제해보려는 구미 자동차 기업들의 생산관리 부서는 현장 곳곳에 산재한 실물 정보 파악은 뒤로 한 채 컴퓨터에서 단순 계산된 데이터만으로 생산을 진행하여 결국 거대한 낭비를 초래하고 있다. 반면에 도요타는 현장에서 발생한 현상을 현장에서 신속하게 직접 통제할 수 있는 환경을 구축하여 낭비 없는 생산 · 관리 · 경영을 실현함으로써 수익률 세계 최고의 기업이 되었다.

현지 · 현물 중심 사고와 행동 철학은 이처럼 기업의 경쟁력 제고에 결정적으로 작용한다. 의사결정자가 현장의 불일치 발생에 대비해 아무리 연락체계와 보고체계를 잘 세워놓았더라도 본인이 직접 현물과 현실 정보에 접하여 분석하지 않으면 정보의 왜곡을 판별하지 못한다. 그러므로 현장경영이 무엇보다 중요하다.

오랫동안 도요타에서 근무하고 히노日野(트럭 부문) 자동차의 사령탑을 맡은 자가와 다다아키蛇川忠暉 회장은 "무릇 최고경영자란 현장에 들러 형식적인 쇼가 아니라 진심으로 현장인력의 말에 귀를 기울여야 한다"고 주장하면서 그 증거로 확인과 칭찬이라는 분명한 행동 패턴을 예로 들었다. 특히 2Q(Quality & Quantity-품질과 수량), C(Cost-원가), D(Delivery-납기)에 대해 사실의 확인에 버금가는 '보이는 관리'를 현장 곳곳에 적극 구축한 후, 불일치 발생에 대해 제일 먼저 대응행동이 가능하다고 본 현장 부서에 자율성을 주어 Q, C, D의 완전성을 구현했다.

사실을 사실 그대로 보고 인식하는 것이 그리도 어려운 일이냐고 반문할 수도 있지만 드러난 현실 앞에서 개개인들은 그 당시에 지닌 개인적 감정 상태나 경험, 지식에 의해 주관적으로 해석하게 마련이다. 따라서 현지에서 개인적 의견이나 주관적 판단이 배제된 해석을 내릴 수 있는 시스템을 구축한다면 문제의 반은 이미 해결된 것이나 다름없다. 현장, 현물, 현실을 통해 사실을 추구하는 근본적인 목적은 가장 확실한 문제해결의 열쇠를 얻기 위함이다. 그래서 도요타 방식에는 일이 벌어지는 어느 현장(영업, 개발, 생산, 정보관리 등)에도 현재의 상황을 객관적이면서 쉽게 눈으로 확인할 수 있는 도구가 철저하게 구축되어 있다는 특징이 있다.

유능한 의사결정자 또는 실천가가 되려면 확인 가능한 사실과 확인 불가능한 사실을 뒤섞어서 하나의 사실로 단정하는 추측 행위를 남발하지 않는 것이 바람직하다. 그리고 평소에 사실확인에 충실해야 조직의 소소한 낭비에서부터 큰 재앙까지 사전에 방지할 수 있다. 도요타와 어깨를 견주려면 첨단 메커니즘의 추구에 앞서 사람에 의한 오류, 즉 자신의 판단오류를 먼저 제거하는 능력이 절실히 필요하다.

10
사후관리보다는 예방관리에 힘써라

목표의 추궁이 아니라 수단의 연구로

"지팡이를 든 사람은 개에게 물리지 않는다"는 나이지리아 속담이 있다. 먼저 계획을 세워 충분히 준비한 사람은 무슨 일에서든 실패하지 않는다는 뜻이다. 다시 말해, 문제가 터진 다음에 수습하는 것보다 문제가 터지지 않도록 사전에 예방하는 것이 더 중요하다는 의미다. "소 잃고 외양간 고친다"는 우리 속담과도 일맥상통하는 교훈이다.

하지만 기업을 지도하는 과정에서 일반적으로 느낀 것은, 많은 이들이 치밀한 계획이나 사전 준비 없이 먼저 급한 대로 일부터 진행하면서 그 과정에서 일어나는 불일치를 그때그때 임시방편으로 해결해나가는 방식으로 일을 한다. 그 결과 본인의 계획대로 이루어지지 않으면 어쩔 수 없는 불가항력으로 치부하고 그 다음 기회에 만회한다는 다짐을 하면서 당시의 결과에 순응하는 습관을 갖는다. 그러한 경향의 관리자는 결국 준비 능력이 뛰어난 다른 리더의 명령을 받는 단순 관리자로 전락하게 되는 것을 자주 목격한다.

100년 전의 일본은 우리가 알고 있는 것보다 훨씬 강한 국가였다. 도요다 사키치와 같은 발명왕도 존재했지만, 특히 군대는 강력한 시스템을 갖췄다. 그 강력함은 무기나 전략의 탁월함보다는 철저하게 준비하는 대비 능력에서 비롯한 것이라는 점이 놀랍다. 1904년 러일전쟁이 일어났을 때 어느 누구도 일본이 승리하리라고는 예상하지 못했다. 하지만 일본은 일찍이 러시아와의 운명을 건 대결을 예상하고 실전을 가상한 모의전쟁을 통해 철저하게 준비한 반면에 러시아는 객관적인 전력의 절대우세를 믿고 별 준비도 없이 즉흥적으로 전쟁에 임했다. 유비무환, 경적필패라 했으니 승패는 이미 전쟁 전에 결정된 것이나 마찬가지였다. 일본의 그런 군대문화가 2차 대전 후에 기업들의 부흥 전략에 흡수되어 고속성장 신화의 밑거름이 된 것으로 보인다.

도요타 역시 1938년에 본격적인 양산 공장을 완성하면서 동시에 앞으로 전개될 대량생산을 위해 미리 훈련생을 모집해 집중적인 장기 훈련과정을 거치게 하여 유능한 현장인력 배양에 심혈을 기울였다. 그리고 초기에는 그 훈련생들의 기본 근성 훈육을 현역 장교가 맡아 이끈 적도 있었다.

도요타는 목표 설정보다는 달성 수단에 힘을 기울이는 기업으로 정평이 나 있다. 구미의 기업들처럼 일단 목표를 설정한 후에 실행을 다그치는 형태가 아니라 미리 목표에 합당한 구체적인 요구행동을 설계하여 제시하고 평가받는 방향을 선택함으로써 목표만큼이나 수단을 중요시했다. 신중하고 진취적인 목표설정 능력도 중요하지만 목표를 달성하는

데 필요한 수단 창조를 더욱 중시했으며, 프로세스의 성실한 진행을 방해하지 않기 위해 책임자들을 맹목적으로 다그치는 업적 평가는 가능한 피했다.

흔히 판매 분야에서 벌어지는 광경으로, 당일 계획이나 목표를 이루지 못했을 때 다음날로 미루곤 한다. 또 그 달의 실적이 미달되면 다음달에 만회하겠다고 기회를 달라고 요구한다. 더 나아가서 그 분기에 못하면 연내에 목표를 달성하겠다고 다짐한다. 다 부질없는 결심으로 귀착된다. 늘 결과의 차이에만 급급하여 기간 연장의 허약한 사고를 가질 것이 아니라 무엇보다 먼저 목표 미달의 원인이 된 진행 과정에서의 오류를 밝혀 철저하게 반성하고 개선하는 것이 급선무다. 하지만 부족한 계획 능력과 준비 자세에 대해 상사로부터 야단맞을 것을 염려하여 철저히 반성하지 않고 재차 비슷한 준비 수준으로 다시 뛰어들어 결국 목표를 극복하지 못하는 결과를 늘 초래한다.

공장에서도 마찬가지다. 매년 목표한 생산성을 달성하지 못해 환경이나 조건 탓으로 돌리기 일쑤다. 그러나 도요타에서의 특징을 하나 살펴보면 생산성을 몇 퍼센트 올리겠다는 목표를 붙잡고 있기보다는 생산성의 결정적 요인인 제조 사이클 타임의 단축을 일상에서 주도면밀하게 전개한다. 최종 목표가 있으면 그 수단인 행동 목표도 확실하게 설정하여 추진함으로써 목표를 보다 손쉽게 달성하는 전술을 구사한다.

예를 들어 생산성 10퍼센트 향상이라는 최종 목표에는 항상 가공작업시간 15퍼센트, 조립작업시간 12퍼센트, 생산기간 20퍼센트, 라인 밸런스율 15퍼센트, 인원 감축 5퍼센트 등과 같은 행동 목표를 정하고 다시 그 하부의 구체적 실행 목표를 또 설정해 개개인의 관리자에게 구체적인 실행 목표가 설정될 때까지 체계적으로 전개하여 실행한다.

따라서 모두가 자기 앞의 목표 실행에 대한 구체적 준비활동을 철저히 세워 한 치의 오차도 없도록 진행관리를 스스로 집행한다. 이런 관리 형태를 도요타는 P-D-C-A(Plan, Do, Check, Action) 사이클이라 부른다. 이는 도요타의 관리 DNA 가운데 하나다. 이 사이클은 행동과 결과의 연쇄적 인과관계를 명확히 하는 것으로 문제 발생 후의 사후조치가 아니라 예방관리에 해당한다. 즉 관리의 주기 가운데 준비에 집중하여 순환시키는 방식이다.

철저한 대비 자세로 실패 제로, 낭비 제로 실현

철저한 준비 습관으로 경쟁력을 올리는 도요타의 또 다른 사례는 생산계획 부분이다. 도요타는 다음달의 계획을 수립하기 위해 내시內示회의, 배분회의, 차량회의, 공무부장회의 등으로 1개월이라는 시간을 소비했다. 수십 년간 해오던 방식이다. 계획 수립에 한 달이 소요되는 이유로 바로 전달의 실적을 참조하지 못하고 한 달 전의 실적으로 계획의 기초 데이터를 만들 수밖에 없었고 작업 공수도 3800시수時數가 소요되면서 약 10만 매 이상의 종이가 사용되기도 했다. 컴퓨터 지원이 있다고 하지만 전체의 관점이 부족한 것은 어쩔 수 없었다.

이러한 생산준비활동 단계 자체가 비효율적이라 판단하고 보다 준비체계를 압축시켜 진행할 필요를 느꼈다. 그래서 국내기획 및 해외기획 그리고 생산관리와 차량물류 등의 조직을 두 부문으로 재편성했다. 판매를 기초한 생산기초계획 담당부문 그리고 생산 확정 후의 자재 수배

로부터 세부 생산계획까지 담당하는 부문의 두 조직으로 양분하여 통합 기능으로 임무를 수행해서 한 달 정도 걸리던 월 계획 활동을 불과 일주일에 가능하도록 하는 혁신을 단행했다. 이런 결과는 준비 단계의 철저함은 그대로 유지하면서 효율의 극대화를 추진하는 조직에서만 나올 수 있는 개선이라 할 수 있다.

도요타는 "좋은 결과는 좋은 행동 패턴에서 탄생한다"고 믿고 있기 때문에, 조직의 상층부에서 해줄 일은 오로지 결과와 행동의 연동성을 높여주는 것이다. 그런 결과 점검하는 회의를 자주 하더라도 목표 달성을 다그치기보다는 달성 수단을 진지하게 상호 점검하는 회의가 거의 대부분이다. 그 가운데서도 특히 활동요원들의 추진을 저해하는 장해요소를 사전에 제거하는 방법론을 주로 다룬다.

이는 국내 기업들이 취약한 부분으로, 제품의 다양한 변화에 생산 능력이 따라가지 못한다. 제품 자체는 고객의 변화에 따라 사양이나 제품의 질 그리고 기능의 진화가 일어나게 마련이다. 하지만 제품은 변화했는데 그것을 만드는 수단은 과거를 답습하고 있으니, 초일류로 가는 길은 아직 멀어 보인다. 제품의 조그마한 변화는 만드는 사람 입장에서 보면 큰 차이가 나지 않는다고 생각하기 쉽다. 그런 자세로 인해 제품에 약간의 변화만 발생해도 생산 단계에서는 무감각하고 안이하게 대응하다가 결국 대량의 불량을 발생시키거나 고객의 니즈를 만족시키지 못하고 쩔쩔매는 경우가 다반사다.

이런 상황을 두고 구태의연한 사원들은 돌발 상황이 발생해서 어쩔 수 없었다고 구차하게 둘러대지만 사실은 돌발 상황이 아니라 준비 부족에 따라 예정된 상황이다. 즉 제품의 변화 이상으로 공정 수단의 변화

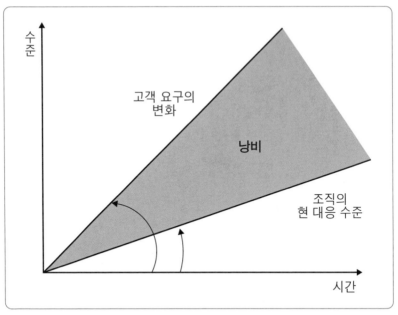

[그림 1-4] **고객의 변화 수준과 현실의 실력 차이는 낭비**

가 따라야만 낭비 예방 수준의 대응이 가능한 것이다. 이것이 곧 기업의
실력이고 기술력이다. 태만한 준비 자세와 외부 변화를 경시하는 풍토
가 유발하는 낭비는 생각보다 크다. 그래서 변화의 속도와 수준을 따라
가지 못하는 수단의 낙후로 생기는 간격만큼 낭비도 커지게 마련이다.
이 현상을 간단히 표현하면 [그림 1-4]와 같다.

아무리 큰 배라도 어느 한 군데가 새는 것으로 침몰하고, 아무리 선량
한 사람이라도 단 한 번의 죄로 파멸할 수 있듯이 사소한 오류 하나가 기
업을 망하게도 한다. 따라서 항상 일어날 일 그리고 해야 할 일에 대해
가장 비관적인 상황을 설정해서 가장 최악의 사태에 대비하는 준비 자
세를 습관화한다면 초일류 인재, 초일류 조직, 초일류 기업의 반열에 오

르는 것은 시간문제일 것이다. 지난 잘못을 매번 후회하기보다는 미래의 잘못을 막는 것이 더 훌륭하다고 생각하고, 이를 생각만 하지 말고 실천으로 옮기는 젊은이가 많았으면 한다.

11
지적해주셔서 고맙습니다

타인의 지적을 밑거름으로 성장해온 초일류 기업

"이런 것은 문제가 있다"는 타인의 직언을 무척 반기는 인생을 산 사람이 있다. 다름 아닌 도요타 생산방식TPS의 완성자로 평가받는 오노 다이이치가 그런 사람이었다. 그가 고로모擧母 본 공장과 모토마치元町 공장을 책임지던 1960년대 중반에 도요타의 협력사들이 TPS의 완성 과정에 참여하기 시작했다. 그래서 혁신 활동의 일환으로 협력사들의 핵심 멤버들이 선정되어 순차적으로 도요타 공장을 방문하게 되었다. 이때를 놓칠세라 오노는 방문 참가자인 협력사 멤버들에게 현장을 보고 난 후 간단하게 한 사람당 서너 개씩의 현장 문제점을 반드시 지적해 달라고 했다. 내용은 단순하게 "~이 너무 많다"라든가 "~하는 작업이 너무 힘들어 보인다"는 식의 간단한 문구라도 좋으니 적어달라고 요청했다. 벤치마킹을 하러 방문한 참가자들은 배우러 온 입장에서 상대방의 흠을 잡아내달라는 최고경영자의 부탁에 적이 놀라지 않을 수 없었다.

참가자들은 세부적이거나 전문적인 사항을 지적해달라는 요구도 아닌지라 별 어려움 없이 본 대로 느낀 대로 적어 제출했다. 심지어 재무를 담당하는 협력사 간부는 익숙하지 않은 현장 공정을 겉만 보고 단순한 판단으로 적어야 하는 어려움도 있었다. 하지만 이 쪽지들을 고마운 마음으로 받아든 오노는 하나하나 읽어 내려가며 고개를 끄덕이기도 하다가 긴 한숨을 내쉬기도 하더니 곧바로 해당 현장 책임자들에게 그 쪽지들을 전해주며 "하나도 빠짐없이 모두 개선하라"고 지시했다. 그리고 현장 책임자들은 지적문구별로 하나씩 개선 결과를 반드시 보고해야만 했다.

비록 비전문가일지라도 새롭고 다른 시각으로 도요타 현장을 바라볼 수 있는 인물이라면 가리지 않고 현재의 문제점을 지적해달라고 부탁한 오노와 그 지적 사항을 반드시 개선하고야 마는 현장 책임자들이 있었기에 오늘날 도요타 개선 문화가 이처럼 찬란한 빛을 발하고 있는지도 모른다.

우리는 흔히 비전문가의 의견을 무시하거나 흘려듣게 마련인데, 오노는 오히려 거꾸로 생각하고 행동했다. 외부의 비전문가가 짧은 순간에 현장을 보면서 가진 느낌과 생각 속에 오래된 내부 전문가(현장 종사자 및 생산 책임자)가 미처 생각지 못하거나 발견하지 못한 문제가 있을 수 있다고 여긴 것이다. 그리고 그 지적을 받아들여 즉시 개선하곤 했다.

누구나 지금까지 별 하자 없이 사용해온 방식에 대해 자부심을 가질 수 있다. 하지만 그것은 자기만의 지식과 경험의 테두리 안에서 결함이 없어 보이는 것일 뿐 밖에서 보는 객관적 시각에서는 결함이 많을 수도 있다. 오노는 바로 이 점을 전제로 사고한 것이다.

오노의 이런 넓은 포용력과 과감한 실천력이 도요타 현장 책임자들의 고정관념을 바꿔놓았다. 그 결과 현장 책임자들은 자신의 전문가적 식견에 비춰볼 때 외부인의 지적이 납득이 가지 않더라도 왜 그런 느낌을 갖고 생각했을까를 처음부터 다시 연구하는 습관을 갖게 되었다. 책임자들은 결국 문제의 대상을 개선된 모습으로 바꾸고 난 후에는 직원 모두가 자신의 고정관념에 스스로 지배되지 않는 조직을 만들기 위해 후배들에게 외부로부터의 사소한 지적도 흘려듣지 말고 진지하게 경청하고 내 밭의 거름으로 삼으라고 가르쳤다.

하지만 우리의 현실은 어떤가. 과연 도요타와 같은 진정성을 가지고 외부인의 의견을 경청하는 기업이 얼마나 될까. 해당 현장에 정통한, 게다가 명성이 자자한 외부 전문가가 방문해서 지적한다면 다들 한 마디라도 놓칠세라 귀를 기울일지 모르겠지만, 그 외에는 그저 건성으로 "아 그러십니까?" 하고 인사치레만 할 뿐 속으로는 '뭘 제대로 알지도 못하는 주제에 떠들기는……" 하면서 비웃거나 무시하기 십상이다.

필자도 기업의 공장 진단을 단시간에 하는 경우가 많았는데, 그때마다 상대방의 비슷한 반응을 많이 경험했다. 내부에 이어져온 나름대로의 긴 내막을 모른 채 힐끗 본 현장의 겉만을 보고 평가하는 지적에 내심 거부감이 컸으리라 생각한다. 하지만 그런 현실을 평가해달라고 부른 것이지 내막을 이해해달라고 부른 것은 아니지 않는가. 이런 경험을 통해 많은 사람들이 남의 지적을 순수한 마음으로 쉽게 받아들이기란 낙타가 바늘구멍을 통과하기보다 더 어려운 것처럼 느껴졌다. 이런 풍토를 볼 때 오노가 구축해놓은 도요타의 겸허함은 누구라도 본받을 만한 것 아닌가 생각한다.

남의 지적으로 성장하는 나

사실에 입각해서 지적한 일도 그토록 받아들이기가 어려운데 보이지 않는 업무 습관에 대해 동료들끼리 지적하는 경우는 더욱 받아들이기 힘들 것이다. 객관적인 위치에서 특정인을 꼼꼼히 바라볼 수 있는 입장에 섰던 타인들이 그 사람의 특성에 관해 살펴본 바를 나름대로 얘기해 주면 대개 본인은 인정하려 들지 않는다. 자신을 잘 모르는 상태에서 섣부른 판단에 의한 참견이라고 무시하기 쉽다. 하지만 타인의 지적은 이미 지적할 수 있을 만큼 사정에 밝다고 봐야 한다. 그리고 지적 사항도 대체로 정확하다.

누구나 할 것 없이 대부분의 사람들이 스스로 세운 자기의 이미지를 아무 문제가 없는 것으로 착각하고 만족스럽게 여기기 때문에 그것을 지키기 위해 남들이 실체를 알려주어도 이해 못하겠다는 반응을 보인다. 게다가 자기의 이미지를 부정적으로 보는 자는 모두 자기에게 감정이 있는 사람일 거라고 예단하기에 이른다. 사실 직언을 해주는 사람이 없는 것도 불행하지만 지적을 해주어도 인정하지 않는 사람은 직언해줄 사람마저 곁에서 떠나게 하기 때문에 더 불행할 수도 있다. 따라서 자기의 그릇된 이미지를 계속 고수하려는 사람은 바람직한 의사결정을 하기가 힘들어진다. 주위 사람들도 그런 상태를 수수방관하게 되어 결국 그 조직 자체가 와해되기 쉽다.

이러한 점을 일찍이 간파한 도요타는 조직의 활성화를 위해 지적 사항을 전해줄 때는 조심스럽게 접근하라고 교육한다. 대부분의 사람들은 본성을 건드리지 않고 보이는 사실만 지적하면 일단 표면적 감정은 부정적이지 않을 때가 많다. 그래서 동료나 상사가 지적할 때 인간성 자체를 논하는 말은 피하고, 벌어진 현상을 자세히 서술 형태로 말한 다음 그 현상이 미치는 영향을 객관적 논리로 전달하라는 지침을 배운다. 즉 벌어진 불일치 현상을 있는 그대로 말한 후 그 결과로 어떠한 악영향이 미칠 수 있는지를 본인이 납득 가능한 범위 내에서 지적해주라는 의미다. 그 결과 많은 경우에 지적 사항을 개선하고자 하는 움직임으로 변한다는 점을 목격했다.

이런 도요타를 분석해볼 때 비록 그 분야의 전문가나 측근이 아닌 사람이 지적할지라도 겸허하게 받아들이는 그들의 태도와 지적할 필요가 있을 때 조심스럽게 접근하는 태도가 결국 전체 조직원의 개선 문화를 성장시킬 수 있었다고 믿는다. 하지만 아직 우리 주위에는 자존심을 건드리는 말, 즉 "너는 왜 그 모양이냐?"라든가 "당신 그럴 줄 알았어"라든가 "그것도 몰라?" 하는 식의 상대방을 비하하고 무참하게 하는 감정적인 발언을 먼저 내지름으로써 어떠한 개전의 여지도 없게 만들고 감정의 골만 깊게 만드는 경우가 많다.

그리고 단순히 비판만 하는 지적은 피하는 것이 좋다. 지적을 해야 할 때는 나름대로 제시할 해결책도 준비하는 것이 바람직하다. 현장에서 대안(해결책) 없는 비판(비판을 위한 비판)은 아예 하지 않느니만 못하다.

층을 오르내리는 계단마다 "지적해주셔서 고맙습니다"라는 문구로 자기 회사의 문화를 과시하는 표어를 붙여놓고 5S 혁신 활동으로 인해 많은 방문객을 맞아들이고 있는 기업을 방문한 적이 있다. 방문 코스 가운데 어느 작업실을 구경하던 중 아무도 관심을 두지 않는 작업대 서랍을 무심코 열어보았다. 그런데 서랍 안에는 서랍 외부에 부착된 내용물 표시 사진과 다른 엉뚱한 물품이 들어 있었다. 그 순간 옆에 있던 작업자가 얼굴을 붉히면서 "왜 함부로 서랍을 열어보느냐"는 투의 따가운 눈초리로 쏘아보았다. 바로 그때 그들의 위장된 문화를 훔쳐본 듯하여 안타까웠다.

지적에 대해 고마워하는 마음은 결코 표어나 슬로건으로 생기는 것이 아니다. 죽을 때까지 늘 부족하고 배우는 것이 인간이라는 생각을 하고 살 때 가능하다. 그렇게 되려면 특히 경영자나 상사들이 끊임없이 외부로부터의 지적을 수용하는 겸허한 자세를 보여주고, 그 지적 사항을 진지한 마음으로 개선행동으로 연결할 때 모든 후배들이 아름다운 전통으로 이어갈 수 있는 것이다.

12
한 번 모른다고 할 때마다 한 번 더 현명해진다

모르면서 안다고 착각하는 그 치명적인 위험

몇 년 전 어느 기업에서 도요타 경영에 관한 특강을 의뢰해온 적이 있다. 하지만 특강 요청 전화 말미에, 자기 회사 간부급 이상의 사원들은 도요타에 관해 웬만큼 알고 있으니 좀더 신경을 써달라고 요청했다. 그이유를 묻자 도요타 임원 출신에게 직접 세미나를 요청해 개최한 적도있고, 한두 권씩의 도요타 관련 서적은 읽어 익히 알고 있으니 특강 내용이 웬만큼 실하지 않으면 곤란하다는 것이다.

그러나 막상 강의 현장에서 보니 다들 별로 아는 게 없어보였다. 그리고 강의 후에 임원들과 가진 대화 자리에서 "도요타 생산방식이 지닌 철학은 좋지만 우리 업종과는 차이가 있어 적용하기가 망설여진다"는 얘기를 듣고는 자칭 뭘 좀 안다는 그들마저도 도요타 경영에 대해 단단히 오해하고 있다는 사실을 알았다.

또 언젠가는 국내 굴지의 그룹 계열 기업에서 "우리 회사 사원들은 그동안 다양한 교육과정을 통해 도요타 생산방식을 많이 배워 잘 이해하고 있으니 보다 전문적인 과정을 교육해달라"는 요청을 받았다. 그러나 강의 서두에 사원들의 지식 수준을 가늠하기 위해 간단한 객관식 질문으로 테스트해본 결과 거의 낙제점에 가깝다는 사실을 알았다.

이렇듯 도요타에 관한 많은 번역 서적의 출간과 지식 전달 채널이 다양하게 유통되고 있는 상황이라도 도요타를 제대로 인식하고 있는 사례는 드물다. 필자는 4반세기에 가까운 시간을 투자하여 도요타를 연구했지만 아직도 완전한 실체에 접근했다고 자신할 수 없는데, 연수 한두 번 다녀오고 강의 몇 시간 듣거나 책 두어 권 읽고서 다들 도요타 경영을 다 알았다고 확신하는 풍경을 보면서 도요타를 추월하는 일은 아직 요원하다는 느낌을 지울 수 없다.

도요타에는 아직도 외부로 알려져 있는 형식지形式知보다 내부 인력들의 행동에 녹아 있는 암묵지暗默知가 더 많다. 그런 사정도 모른 채 알려진 사실 몇 가지로 그들을 간파했다고 보는 것은 언어도단이다. 그리고 저술되거나 번역되는 책들도 역시 전문가가 아니라 저널리스트나 비전문가가 유행을 좇아 작업한 것이 많아 도요타의 왜곡된 실체를 습득할 위험도 있는 것이 사실이다. 또한 도요타 간부 출신이 퇴직하고 저술한 내용이 오랜 기간 도요타 전체를 연구한 외부인의 저술보다 낫다는 보장도 없다. 이런 상태에서는 도요타의 경영철학이나 수단이 업종에 관계없이 혁신 도구로 훌륭하다는 인식이 들 때까지 경험과 정보를 동시에 축적해나가는 수밖에 없다. 그러기 위해서는 이미 알고 있다는 태도보다 모른다는 태도가 더 필요하다.

도요타의 저력은 바로 이 '모르쇠'에서 나온다. 도요타 사원들 자체가 스스로 머리가 나쁘다고 자인하는 편이다. 그들이 머리가 안 좋다고 자평하는 습관을 갖는 근본적인 이유는, 스스로 머리가 좋다고 여기면 모든 것을 쉽게 이해할 수 있다고 여겨 현장이나 현물의 관찰에 소홀하고 남의 말을 좀처럼 받아들이지 못하는 위험에 빠질 수 있다는 염려 때문이다. 그리고 현장 중심의 관찰에서 곤란한 점을 발견했을 때 상사나 동료에게 겸허한 자세로 물어볼 수 있는 마음은 잘 모른다는 심리에서 생겨난다는 생각에서 그렇게 행동한다.

더 알 필요가 없다는 인식은 지혜의 무덤

기업 지도를 하는 가운데 가장 많이 경험하는 것은, 현장 일선 작업자들이 혁신 사고를 비교적 저항 없이 받아들이는 반면, 관리자들은 별로 아는 것이 없어도 모든 것을 다 아는 양 확신하는 태도로 배움을 사양한다는 것이다. 현장 근로자들은 모르는 게 많은 것이 당연한 것 아니냐며 모르는 것을 솔직히 인정하고 기꺼이 배우려 한다. 하지만 그들을 지휘하는 관리자들은 자신의 무지가 드러나는 것 자체를 부끄럽게 여겨 그 사실을 좀처럼 인정하지 않기 때문에 마치 가득 찬 찻잔처럼 가르침을 받아들이려는 여지가 없어 보인다.

특히 엔지니어들한테 그런 성향은 더 강하게 나타난다. 기술 연수를 통해 얻은 지식이나 스스로 터득한 경험만이 유일하고 제일인 것으로 여겨 남의 얘기는 그저 참고로 할 수 있을 뿐이라는 사고가 유난히 두드러져 보인다. 고정관념이나 우물 안의 지식은 지극히 위험한 것임에도 불구하고, 그것으로 별 탈 없이 지내왔음을 자랑으로 삼고 더 이상 자기 발전을 꾀하지 않는다. 하지만 그들이 현재의 자산을 통해 이루는 성과는 최상의 것이 아니라 최소한의 것임을 자각해야 한다.

기업 지도를 할 때, 대부분의 참가자들에게서 기본적인 지식 수준이 상당히 떨어짐을 절실히 느낀다. 그때마다 업무와 관련하여 더 심화된 공부를 하고 업무 관련 외에도 더 다양한 지식을 섭렵할 것을 권하면서 관련 서적까지 추천하지만 후에 확인해보면 그렇게 하는 사람은 거의 없었다. 그러고 보면 모르는 게 많다는 게 문제가 아니라 굳이 알려고 하지 않는다는 사실이 문제다. 골치 아프게 공부하지 않아도 당장 일하는 데 지장이 없는데, 무슨 공부냐는 심정이겠지만 실제로는 많은 이들이 짧은 식견이나 지식 때문에 업무 현장에서 자주 곤란을 겪어 스트레스를 받는다니, 사실은 배움의 필요성을 알면서도 의지가 부족하여 억지 핑계를 대는 것이다. 그런가 하면 실제로는 잘 알지 못하면서도 스스로 잘 알고 있다고 착각하는 부류의 사람들도 많다. 모르는 줄 알면서도 배울 의지가 없는 사람이나 잘 안다고 착각하면서 사는 사람이나 결국 새로운 지식을 흡수하고 지혜를 자아내는 데 이르면 딱하기는 만찬가지다.

투입이 없으면 산출도 없는 건 당연하다. 마찬가지로 새로운 지식을 흡수하지 못하면 새로운 지혜도 나올 수 없다. 현재의 나 안에 갇혀 있어서는 결코 높은 차원의 문제를 해결할 수 없다. 현재의 문제는 그 현재의 결함으로 인해 생긴 것이므로 현재의 수준으로는 해결할 수 없다. 현재의 수준을 뛰어넘는 지혜를 얻으려면 먼저 현재의 나를 버리고 귀와 마음을 열어 배우는 것이 급선무다.

나 역시도 지도할 때 "여기까지가 내가 아는 것이고 그 이상은 같이 연구하자"고 솔직히 말한다. 그래야 서로 새로운 흡수력이 발동하기 때문이다. 빈 가방은 똑바로 설 수 없듯이 취약한 지식과 착각은 사태를 악화시킨다. 사실 우리 젊은이들에게는 도요타 사원들을 능가하는 연구 자세와 지식 흡수 욕구를 발동시키기 위한 겸손이 무엇보다도 절실하다고 생각한다.

13
아무리 힘에 겨워도 차분히 도전하라

이해할 수 없는 것에 도전하는 정신

의심 속에 시작한 일이 확신으로 끝을 맺을 수 있다는 도전정신을 뚜렷이 보여준 대표적인 기업이 도요타다. 창업자인 기이치로가 1945년 패망 속에서 재차 수입된 미국 자동차의 경쟁력을 확인하고 3년 안에 미국을 따라잡자고 외쳤던 공허한 느낌의 메아리가 60년이 지난 2007년에 미국의 모든 자동차를 추월한 것은 물론 세계의 정상 자리에 선 모습으로 되돌아왔다. 물론 창업자가 주창한 3년이 아니라 그 스무 배인 60년이 걸렸지만 열악한 조건에서 도전정신 하나로 출발한 자동차 기업이 꿈을 실현하는 장면은 옆에서 지켜보는 입장에서도 박수를 보낼 만하다. 모두들 미친 짓이라고 놀릴 만큼 불가능해보였던 일이지만 한 줄기 실낱같은 가능성의 빛을 등대 삼아 거친 바다를 쉴 새 없이 달려 마침내 항구에 닿은 조각배를 본 듯한 감동이다. 그래서 그들이 해냈다면 우리도 못해낼 법이 없다는 생각이 든다.

기이치로가 미국 추월을 선언한 그 무렵에는 다들 코웃음을 쳤다. 하지만 기이치로는 사원들마저 불가능하다고 믿는다면 미국 추월은 진정 불가능하다고 보고, 성취할 가치가 있는 것은 그만큼 어려운 법이니 마음의 고삐를 늦추지 말 것을 호소했다.

사실 기이치로도 겉으로는 그렇게 외치면서도 내심 어려운 도전이라고 생각했을 것이다. 그러나 창업자 기이치로의 도전정신은 후계자들에게 면면히 이어지면서 더욱 강해지고 자신감에 넘쳤다. 위대한 리더는 희망의 씨앗을 뿌리는 사람이다. 그 씨앗 하나가 기적의 열매를 맺는 것이다. 보통사람들은 그 씨앗이 자라는 것을 보고나서야 그 희망을 믿는다. 그 당시 기이치로 자신도 3년 안에 미국을 추월할 수 있으리라고는 생각지 않았을 것이다. 아마도 '3년' 발언은 자기최면이자 조직의 역량을 추동하기 위한 강력한 의지의 발현이었을 것이다. 그럴 각오로 두려움 없이 달려들자는 선언이었을 것이다.

미국을 3년 안에 추월하겠다고 선언했지만 현실의 바다는 점점 풍랑이 거세어갔다. 패전국의 멍에를 둘러쓴 일본의 현실은 도요타의 발목을 잡았다. 하지만 어떤 어려움 앞에서도 현실로부터 도피하는 비겁한 행위는 그 어느 누구도 입에 담지 않았다. 다만 동원 가능한 모든 수단을 다해 묵묵히 실행하다보면 가능성의 문은 더 크게 열릴 것이라고 믿었다. 그래서 도요타의 역사에는 "할 수 없다"거나 "어려울 것 같다"는 말이 존재하지 않는다.

무슨 일을 하기도 전에 어려움을 먼저 슬쩍 내비치는 것은 스스로의 대응 능력이 부족해 실패를 전제로 하고 싶다는 의미에 불과하다. 어려운 것과 불가능하다는 말은 둘 다 자신감이 없음을 숨기는 말로써 모든 기업이나 조직의 평범한 인재들은 그런 말을 습관적으로 일삼는다.

기이치로가 열정적으로 경영했던 1945년 이후의 5년간은 도요타에서 혁신을 급속도로 밀어붙인 시기다. 당시 전쟁에서 패한 일본은 연합군 사령부의 지배 아래 있었다. 모든 것이 암울했던 그 시기에 기업 활동도 사령부의 지침에 묶여 있어 소극적일 수밖에 없었다. 바로 이런 상황에서 기이치로는 미국 추월의 도전장을 던진 것이다. 그러나 극심한 경기 불황과 파업이라는 사면초가를 겪고 난 도요타는 견고한 기초 위에 좋은 건설이 가능하고 튼튼한 뿌리 위에 좋은 꽃과 열매가 필 수 있다는 진리를 비로소 깨달아 우선적으로 기초적인 체력을 다지는 혁신부터 하기에 이르렀다.

목표 설정 자체도 너무 높거나 반대로 낮으면 각기 단점이 있다는 것을 깨달았다. 목표가 높으면 개혁의지가 꺾여 부정적 견해와 의욕상실 감만 늘어나고, 낮으면 창조성 없이 과거의 연장선 위에서 별 노력 없이 달성하려 들 것이기 때문에 경영진은 적절하고도 약간 벅찬 목표 잡기에 신중을 기했다. 그런 결과 어렵긴 하지만 도전을 거듭해 목표를 달성하는 활동이 도요타의 체질로 굳은 것이다.

도전목표 달성 능력 구축 순서

도요타의 성장에 가장 크게 영향을 미친 것은 수단을 동원하는 방법론에 있었다. 아무리 구미 선진국의 앞선 시스템이 있어도 함부로 들여오는 오류는 범하지 않았다. 그들 스스로가 내부에서 소화하지 못할 것이면 포기하고 그 대신에 현실 상황을 잘 살펴 자신 있고 부드럽게 가능한 것부터 실천하기 시작했다. 특히 오노 다이이치라는 인물이 이끌었던 TPS의 세부 과정은 아주 단계적인 절차를 밟아 실천해온 시스템으로도 유명하다.

하나를 실천해서 모든 이들의 동의를 얻으면 바로 전사적으로 돌진했고, 만약 특정 분야(조립공정의 라인 스톱)에서 강력한 저항이 발생하면 참고 기다렸다가 재실천의 때를 기다리는 은근과 끈기도 발휘했다. 하지만 경쟁 기업이었던 닛산은 단번에 선진 시스템을 통째로 들여와 별로 힘들지 않게 성장한 결과 착실한 성장을 선택한 도요타와 엄청난 격차가 벌어져 결국에는 경영을 어렵게 가져가는 반대상황을 연출했다.

능력의 계단 쌓기에도 순서가 있는 법이다. 영화 〈레옹〉에는 주인공인 킬러가 원한을 품고 있는 소녀를 전문킬러로 키울 때, 소녀가 당장 사용하고 싶어 하는 권총이 아니라 멀리서 심리적 부담 없이 저격할 수 있도록 망원경이 부착된 소총 사격부터 가르치고 맨 나중에 가장 가까이에서 대담성을 갖고 상대방을 제거할 수 있는 칼 사용법을 가르치겠다는 장면이 나온다. 이렇듯 뚜렷한 목표를 달성해야 하는 방법이나 수단을 구사할 때는 반드시 능력 확보의 선후 단계가 존재한다.

도요타의 원가 구성은 외부로부터의 구입비가 60퍼센트 가까이 이르고 내부에서 소화하는 가공비는 약 17퍼센트 그리고 나머지가 경비로 충당된다. 도요타의 주특기인 현장의 작업 사이클 타임의 스피드 개선 활동을 열심히 해서 10퍼센트를 향상한다 해도 가공비의 절반에 불과한 인건비(8.5퍼센트)의 10퍼센트에 그치는 것이다. 따라서 전체적인 원가 차원으로 보면 1퍼센트 안팎의 효과 정도밖에 없다. 이런 어려움을 간과

한 도요타는 우선적으로 부가가치 작업 이외의 부분(정상적 작업상태가 아닌 조건에서의 자원 투입)에서 낭비를 손쉽게 제거하기 위해 기계에 이상상태를 감지할 수 있는 자동감지기능을 삽입하기 시작했다. 그 다음에는 무단히 손 놓고 대기하는 낭비 부분을 없애기 위해 저스트 인 타임 JIT이라는 관리개념을 도입해 밀도 있는 작업환경으로 만들었다. 그렇게 추진한 후에 마지막으로 진정 작업자가 꼭 필요한 작업 내에서 스피드를 올리는 개혁으로 전개한 결과가 오늘날 도요타의 세계 초일류 노동생산성을 만들었다.

또 제1의 원가저감 대상 분야인 구입비 분야에서는 작업자 개선과는 별도로 처음에는 설계부서원이 직접 설계 단계에서의 개선 아이디어로 원가를 내리는 방법을 구사했고, 그 다음 정책으로 도요타 협력사의 원가개선 능력을 성장시켜 스스로 개선할 수 있도록 유도한 후, 맨 나중에는 협력사 자체를 글로벌 기업으로 성장시켜 저절로 규모의 경제를 통해 원가를 해결하도록 하는 단계적 전략을 구사했다.

이런 단계적 방법 구사 전략을 모른 채 무조건적으로 수법을 마구 도입해 실행하면 내부 인력들이 목적 없는 길을 가는 것 같은 활동으로 쉽게 지치고 기대했던 효과도 좀처럼 나오지 않는다. 이런 근본적인 개념을 깨닫지 못하고 조금 해보다가 잘 안 되면 단지 도요타의 방법론이 우리에게 맞지 않는다는 어설픈 결론만 내기 바쁜 현재 우리의 기업 수준이 안타깝다. 성급한 도전이 문제가 아니라 단계적인 조직능력 확보 원리를 모르고 덤비는 것이 문제다. 이미 존재하는 도요타의 실체를 면밀히 살펴 체계적이면서도 단계를 좁혀 추진할 수 있는 방법을 모색할 줄 아는 현명한 인재들이 많을 때 비로소 도요타를 추월할 수 있을 것이다.

14
단순경험보다는 체험을 선택하라

지식경영의 올바른 이해

많은 기업들의 내부를 자세히 살펴보면 짧지 않은 역사들을 지니고 있음에도 불구하고 업무의 질과 효율이 기대보다는 수준 이하임을 자주 목격한다. 구성원들 개개인의 능력과 경력은 화려하게 보일지라도 전체적인 회사의 활동체계는 구성원들의 능력을 떠받쳐주지 못하고 있는 듯이 보인다. 하지만 구성원들의 경험이란 것도 냉정히 따져보면 대개는 그저 상황을 지켜봤다는 것, 뼈저린 직접 체험이 아니라 한 번 스치듯 겪은 것에 불과하다. 또 '오랜 경험'이란 것도 대개는 동일한 경험을 오랫동안 여러 번 단순반복한 데 지나지 않다. 그리고 지식 또한 머리에 담아 놓고 있을 뿐이지 그것을 적극 활용하여 회사 발전에 기여한 바는 별로 없는 지식들이 대부분일 수 있다.

한때 '지식경영'이라는 혁신 기법이 유행한 적이 있다. 지식경영이란 조직 내에서 수행하는 평소의 활동 과정 중에 동원된 여러 가지 방법에 대해 일이 완료된 후 버리지 않고 주요 포인트를 기록하고 관찰해서 차기 활동에 유용하게 이용하는 평범한 방법론에 불과하다. 어떻게 보면 현실에서 얻은 관찰 결과를 공개적으로 자료화해서 가장 유익한 방법론이나 대책을 세워 조직원의 여러 활동에 확대 적용하게 하는 일련의 경험지식의 공유라고 보면 간단하다.

이성이 있는 사람이고 조직의 한 부분을 담당하는 사원이라면 당연한 의무라고 여겨야 할 것이다. 하지만 과거의 경험을 차후에 살리지 못하고 동일한 오류를 반복하는 일이 잦은 우리 기업계에서는 이러한 상식적인 행동 패턴을 '지식경영'이라는 혁신 도구 개념으로 둔갑시켜 조직원들의 소중한 경험들을 끌어 모으는 데 안간힘을 쓰고 있는 실정이다.

이러한 지식경영의 발상은 좋지만 그릇된 인식 때문에 실제 적용에서는 대개 성과를 보지 못하고 있다. 업무 진행 중에 특별하게 인정받아 진행된 새로운 방법 또는 객관적으로 성과를 보인 아이디어는 정리하여 기록하지만, 별로 관심을 두지 않는 영역이나 평범한 일처리에서의 효율적인 개선 사항은 지식경영의 자산으로 축적할 생각도 못한 채 무심히 흘러버리는 경우가 대부분이다. 다수의 직원들이 일상으로 접하는 평범한 업무에서의 사소한 개선 사항도 잘 갈무리하여 전 직원이 공유하면 뜻밖의 큰 효과를 거둘 수 있는데도 아무도 눈여겨보지 않는 현상은 뭐든 '큰 것' 하나로 단숨에 목적을 이루려고 하는 한탕주의에 빠져 있기 때문이다.

도요타는 '문서의 왕국'이라는 별명을 갖고 있다. 대부분의 기업들이 사소한 개선은 기록하지 않고 그냥 지나치거나 설사 기록했더라도 횡적 전개는 하지 않는 반면, 도요타는 현재 하던 방식과 조금이라도 다른 형태의 시도였다면 업무 과정에 동반된 사실의 모든 기록을 남기는 습관이 있다. 그리고 그 개선 사항을 반드시 회의체에서 다른 부서의 책임자들이 곧바로 공유할 수 있도록 기회를 제공한다. 따라서 도요타의 표준은 회사가 일방적으로 일시에 정한 지침서가 아니라 평소 직원들의 의미 있는 경험 사례로 결정된 것이기 때문에 지속적인 개선이라는 진화 과정을 밟게 되는 것이다. 그러한 진화 과정에 반영될 수 있는 새로운 방법들은 대개 직원들이 평소에 흘린 땀의 대가가 대부분이다.

이런 결과를 볼 때 지식경영이란 지식의 단순보유가 아니라 그 지식을 누구나 적극 활용할 수 있는 환경은 물론, 그 지식의 적용으로 기업이 추구하는 품질이나 비용의 변동을 가져올 때 비로소 의미가 있다.

땀에 젖은 새로운 체험만이 살 길이다

직원들이 날마다 새로워지려는 개선의 땀을 흘리기 싫어하는 조직은 구태의연한 규칙이나 표준을 붙들고 있게 마련이다. 그러한 조직이 우연히 어느 날 갑자기 잘 나가는 조직으로 변신할 수는 없다. 조직의 성장은 노력의 대가로 이루어지기 때문이다. 도요타의 현재 모습은 70년이 넘는 노력의 상징이다. 특히 창업자 기이치로는 사원들에게 기존의 지식과 경험에만 의존하지 말고 새로운 체험을 할 것을 지속적으로 독려하였다. 기이치로가 말하는 체험을 갖추려면 시키는 일만 할 것이 아니라 스스로 일을 찾아서 하는 성실함이 요구된다. 그는 인간이 아무리 지식이 많다 해도 결국 결정적인 시점에서는 자신의 경험 능력 한계 내에서 의사결정이 이루어진다고 믿었다. 그래서 단순히 지식을 쌓으려는 노력보다 새로운 체험에 뛰어들어 진정한 경험 능력을 키울 것을 모든 엔지니어들에게 권고하기도 했다.

우리는 흔히 특정 분야에서 근무한 단순 근속연수를 보고 상대를 평가하거나 스스로의 능력을 가늠하기도 한다. 하지만 도요타는 특정 계통에 몇 년을 근무했는가 하는 근무 기간보다는 얼마나 다양하고 치열한 체험을 했는가 하는 근무 내용에 평가의 중심을 둔다. 특히 그 체험이란 개선의 누적에 초점을 맞춘다. 개선 활동 경험 자체로 그 사람의 문제의식을 엿볼 수 있고, 스스로의 오류를 반성하고 바로잡는 능력을 가늠하는 바로미터로 여기기 때문이다. 경험과 체험은 좀 다른 의미인데, 내재화한 경험을 체험이라 할 수 있다.

가령 바람직하지 않은 사실이 눈앞에 펼쳐질 때 단순히 그것과 똑같은 상황을 경험한 기억을 떠올려 그 상황을 이해하는 정도에 그치는 사람은 단순 경험자일 뿐이고, 눈앞에 벌어진 사실이 자기가 경험한 사실과 유사하거나 조금 다른 상황일지라도 자기의 경험을 살려 대응할 수 있는 행동력을 갖춘 사람을 체험자라 부를 수 있다. 이는 곧 생각하는 사람만이 체험이 가능하고 그렇지 않으면 인생을 그냥 지나쳐버릴 수 있다는 것을 시사한다.

사실 많은 사원들은 머리를 써서 생각하는 것을 꺼려하고 단순히 시키는 대로 할 수 있는 업무를 선호하는 경향을 보인다. 어차피 사용하지 않으면 녹슬고 쪼그라들 뇌를 차라리 실컷 써버려 닳아 없어지게 하는 것이 더 현명하지 않겠는가 하는 생각이 들곤 한다.

도요타의 경영자나 간부들은 일의 결과보다 과정과 수단을 더 중요시

한다. 그래서 사원들이 과정의 기록을 게을리할 수가 없다. 그 기록 속에서 후배가 미처 깨닫지 못한 부족한 점을 채워준다. 이런 과정 속에 후배는 기대하지 않았던 새로운 간접 체험을 하게 된다. 후배의 기쁨이 하나 더해질 것은 당연하다. 하지만 우리는 당장의 결과만을 따지는 경우가 더 많다. 그렇기 때문에 과정이야 어떻든 결과의 수치만을 간단하게 내세우는 데 익숙해져 있다. 과정의 기록은 어디에도 없다. 그런 결과 후배들은 선배들과 똑같은 일을 해도 매 번 다른 것이라 착각하게 되고 선배가 경험한 것을 미처 가르쳐주지 않았을 때는 혼자서 풀어야 할 숙제라고 잘못 생각한다. 그래서 수준 향상을 기대하기 어렵다.

도요타를 바라볼 때 우리도 이제는 선배들이 어떤 방법으로 후배들을 지도하고 깨우쳐줄 것인가를 고민할 때가 되지 않았나 생각된다. 인재들은 선배가 성장시켜주기 때문이다. 어느 조직의 한 구성원으로서 가장 가치 있는 일은 자기가 한 일의 과정에 대해 정확히 기록하는 습관과 과정 상에 발생했었던 오류와 낭비를 발견해 남들에게 똑같은 전철을 밟지 않게 해주는 것이다. 동시에 새로운 궁리로 또 다른 체험을 늘 겪어보려는 젊은이들로 뭉친 조직이 많아야 한국의 미래가 보장된다.

15
용기와 관심은 변화를 위한 절대적 무기

자그마한 관심이 변화와 창조를 부른다

미국의 어느 가정에서 오븐에 고기를 구어 로스트비프를 만드는데, 항상 고기 양쪽 가장자리를 칼로 쳐내는 어머니의 습관을 보고 자라난 여성이 자기도 성장해서 결혼한 후 똑같은 습관으로 행동하고 있다는 것을 발견했다. 하지만 왜 고기 덩어리의 양면을 베어내는지 그 이유를 모른다는 것이 자기 스스로 생각해도 이상해서 어머니에게 물어봤지만 어머니도 할머니가 하는 대로 따라했을 뿐이라는 대답을 들었다. 그래서 외할머니를 찾아가 그 이유를 들었는데, 기가 막혔다. 할머니 시절에 사용했던 오븐은 폭이 좁아서 웬만한 크기의 고기는 들어가지 않아서 양쪽을 잘라내야 했다는 것이다. 그런 얘기를 듣고 보니, 그때보다 훨씬 넓어진 대형 오븐을 쓰면서도 그게 무슨 요리 비법인 양 아무 의심 없이 고기 가장자리를 썰어내고 구운 생각을 하니 스스로 바보 같았다.

장소와 상황은 다르겠지만 이와 유사한 많은 어리석은 일들이 지금도 각 현장에서 벌어지고 있다. 특히 표준화가 덜 되어 체계적이지 못한 기업은 물론이고 첨단 제품을 생산한다고 하는 대기업에서도 근본 원인도 모른 채 무조건적인 계승 작업이 아직도 관리감독자 층에서는 관습으로 이어지고 있는 것이 사실이다. 이는 습관적으로 굳어진 고정관념이나 행동에 대해 아무도 의심하거나 새롭게 고쳐보려는 생각이나 의지가 없기 때문에 일어나는 불행이다.

사람들은 대개 습관이 든 사고나 행동은 큰 문제가 없는 한 바꾸려 들지 않는 경향이 있다. 누가 시키는 것도 아닌데 굳이 사서 고생할 필요가 뭐 있느냐는 생각 때문이다. 하지만 고기를 굽는 예에서 보듯이 한 번의 호기심이나 의심에 따른 자그마한 행동이 모든 상황을 순간에 변화시켜버릴 수 있다는 것을 알아야 한다.

도요타가 실행해온 개선 사례에는 우리가 우습게 여기고 지나칠 수도 있는 사소한 사안도 많다. 오래 전부터 도요타에서는 생산 이외의 부서에서도 원가저감을 위한 활동을 생산현장 못지않게 적극적으로 추진해왔다. 어느 날 우편물을 담당하는 총무과 여직원이 동일한 발송지에서 같은 날에 발송한 속달우편과 보통우편을 동시에 받은 사실을 발견했다. 이런 사실을 보고받은 상사는 그 여직원을 칭찬하고, 우편물을 살펴본 결과 가까운 지역에서의 속달우편과 보통우편은 배달 시간에 차이가 없다는 점을 발견했다. 그 후 총무과에서는 인근지역에 보내는 우편물은 모두 보통으로 처리함으로써 적잖은 발송비용을 저감할 수 있었다.

이런 사례의 개선은 평소에 개선 마인드가 없으면 발견하지 못할 뿐더러 설령 발견했더라도 자세한 조사를 통해 개선하고자 하는 의지에까지는 이르지 못한다. 더 중요한 점은 상사의 태도에 있다. 만약 그 상사가 여직원에게 "그까짓 우편요금 차이가 얼마나 된다고 그 난리야. 그렇게 할 일이 없어? 커피나 한 잔 줘!" 하고 핀잔을 주고 말았다면 그 사안은 그대로 묻히고 말았을 것이다. 도요타는 이처럼 사소해 보이는 개선 제안도 가볍게 여기지 않고 적극 고무하여 개선하는 문화를 가꿔왔다.

관심은 변화를 낳고 칭찬은 용기를 낳는다

북미지역에 진출한 도요타 계열사가 그 지역의 다른 기업들보다 사원들에게 인기가 더 있는 이유는 새롭고 안정된 생활터전이라는 면도 있지만 무엇보다 인간적인 관심을 주고 배려하는 기업이라는 점에 매력을 느끼기 때문이다. 도요타 본사의 어느 물류 담당 간부가 캐나다 공장을 방문한 시기에 '현장 개선 발표회'에 참석할 기회가 있었다. 발표자 가운데 어느 중년 주부사원이 제안한 개선 사항이 훌륭하다고 판단하여 발표가 끝난 후 공개석상에 불러내어 우수한 점을 직접 칭찬하고 악수를 청하자 그 주부는 그만 울음을 터뜨렸다. 혹시 말을 잘못한 것 아닌가 하는 겸연쩍은 심정으로 이유를 물어보니, 상사로부터 처음 받는 칭찬이어서 가슴이 벅찬 나머지 울음이 터졌다고 했다.

구미 문화는 대개 계약을 한 뒤에 실수를 하면 마이너스를 해가는 문화다. 비록 기대하지 않은 개선일지라도 업무 범위를 넘어선 일을 칭찬할 이유도 없다고 생각하는 상사들이 대부분이다. 육체노동자들의 두뇌 사용을 달갑게 칭찬해주지 않는 문화 탓에 인간성 존중을 맛볼 수 없었던 현장 작업자로서의 한 여인이 감동의 순간을 참을 수 없어서 울음을 터뜨린 것이다.

이런 예에서 보듯이 관심은 변화의 씨앗을 뿌리고 키운다. 조직 내에서 변화에 대한 관심을 가져줄 때 특히 칭찬의 힘은 변화라는 나무에 물과 같은 존재다. 받는 사람 입장에서 보면 칭찬은 인정받고 있다는 자존감의 충만이다. 부하 직원에게 목표를 주고 다 끝나면 보고받는 것이 자기가 할 일이라고 생각하는 관리자는 자격미달이다. 상사로서 지시만 할 게 아니라 평소의 업무 진행에 관심을 가져야 한다.

기업 지도 중에 사원들에게 상사의 칭찬 습관에 대해 물어보면 뜻밖에도 많은 사원들이 칭찬에 인색한 상사들에게 불만이 많은 것을 느꼈다. 용기 있는 상사는 칭찬을 아끼지 않으며 그 칭찬은 곧 관심이 되어 많은 변화로 나타난다.

많은 기업들이 혁신 운운하며 요란하게 떠들기는 하지만 이런저런 이유로 결국 실패하는 경우가 대부분이다. 실패하는 가장 큰 이유는 역시 사원들의 기피행동이다. 자신이 회사의 관심 밖에 놓여 있다고 느낄 때 회사가 추구하는 방향을 이탈하여 엇나가버리려는 습성이 있다.

그런 현상이 벌어져도 어쩔 수 없는 것은 개개인에게 달려 있는 혁신 의지와 자신감은 그 어느 누구도 강제할 수 없는 것이기 때문이다. 따라서 혁신을 이끌 때는 먼저 "변화하는 것은 좋은 것" 이라는 분위기를 조성할 필요가 있고 "당신이 바로 주인공" 이라는 주체의식을 불러일으켜야 한다.

특히 "우선 해보고 전보다 나은 결과가 아니면 원래대로 돌아가도 좋다" 는 말로 현재를 부정하고 변화를 추구해야 하는 사원들의 부담을 덜어주고라도 우선 시도하고 보는 실천의식과 "누가 말한 것이라도 좋다면 즉시 실천하자"는 적극적인 분위기를 형성할 필요가 있다. 그리고 혁신에 대한 두려움과 도전의식이 부족할 때는 "실패를 두려워하지 말고 시도조차 해보지 않는 것을 두려워하라"는 말로 기피의식을 해소할 필요도 있다.

도요타를 앞지르기 위해 우리에게 필요한 것은 젊은 인재들의 끊임없는 시도와 실천 그리고 그것을 지켜줄 용기와 적극성이다. 그러려면 조직의 구성원 서로가 반드시 가져야 할 것이 관심이며, 그것이 곧 경쟁력을 높이는 절대 무기임을 잊어서는 안 된다.

16

흉내보다는 응용이나 창조를 택하라

보약과 독약의 두 얼굴을 가진 벤치마킹

1990년대 초반 TPS의 우백호(좌청룡은 자동화自働化)에 해당하는 저스트 인 타임JIT-Just In Time의 유명세로 도요타 계열사에 2개월간 현장실습을 다녀오는 것이 유행이었다. 이때를 기점으로 많은 기업인들이 도요타를 방문하여 앞 다퉈 벤치마킹을 수행함으로써 도요타 생산방식 TPS이 국내에서 유행을 타기 시작했다. 하지만 2개월씩 연수비에 일까지 해주는 방식의 파견 연수는 지나친 저자세에다 과잉 벤치마킹으로 인식되어 점점 줄어들고 있으며, 또 연수를 다녀온 사원들이 내부에 미치는 영향력이 그다지 크지 않다는 것을 경험하면서 도요타에 대한 배움의 열정이 식어갔다.

도요타 열풍이 식어갈 무렵, 1990년대 미국 경제의 화려한 부활을 선도했던 주역인 GE의 잭 웰치 회장이 혁신 도구로 사용했던 '식스 시그마'가 잘 포장되어 붐을 일으키자 국내 기업들이 1990년대 후반부터 뒤질세라 도입하기 시작했다. 이런 광경을 통해 상대방의 시스템을 확실히 파악하지도 못한 채 현재의 것을 꾸준하게 개선해 나가려는 노력도 없이 그저 유행하는 모델만 좇는 우리 기업들의 잘못된 단면을 볼 수 있다.

그러나 식스 시그마 유행을 따라간 지 거의 10년이 다 되어가는 요즈음 당연한 귀결일지 모르겠으나 다시 도요타 방식에 모든 기업들이 관심을 기울여 벤치마킹하려는 움직임이 활발하다. 이는 국내뿐 아니라 전 세계적으로 일어나는 현상이다. 도요타가 2007년에 70년의 GM 아성을 무너뜨리고 드디어 왕좌에 등극한 사실 외에도 미국의 내로라하는 기업들이 1990년대 초반부터 도요타 시스템을 LEAN 생산이라는 이름으로 변경하여 꾸준히 연구하고 적용하여 탁월한 경영 성과를 거둔 사실이 속속 드러나자 "역시 도요타 시스템"이라는 찬사와 함께 벤치마킹 열기가 뜨거워지고 있다.

특히 보잉사 부사장 시절에 비행기 조립 시간 단축에 도요타 생산방식을 적용하여 성공을 거두었던 앨런 멀럴리Mulally는 경영난에 허덕이는 포드 자동차 CEO로 취임하자마자 도요타 정신과 방법론을 재차 시도하고 있을 정도다. 사실 GM도 도요타 방식을 1980년대 후반부터 몇 년간 잘 진행하여 효과를 얻었지만 기업의 상태가 호전되자 안이한 정신으로 혁신의 속도를 늦춘 나머지 현재의 위기를 맞게 된 것이다.

반면 국내 기업들은 도요타 흉내를 내보기도 전에 쉽게 식스 시그마 방식으로 전환해 돈과 시간을 엄청나게 투입하면서 혁신을 유도했지만 결국 실패라고 말할 정도로 개선된 것이 없었다. 실패로 보는 이유는 많은 국내 굴지의 기업들에서 관리직 즉 부가가치 창출과 먼 화이트 컬러 사원들에게는 통계학적 지식과 복잡한 절차가 요구되는 미국식 방식이 새로워 보여 처음에 잘 침투하는 듯 보였지만 정작 가치를 직접 창출하는 현장 사원들에게는 접근이 매우 불편한 데다 개념이 어려웠기 때문이다. 특별히 개선으로 연결되지 않는 절차요식행위 중심의 식스 시그마에 부정적인 반응을 보인 것이 사실이다.

현장 사원들의 행동과 정신에 혁신 의지를 불어넣어주지 못하면 그것은 혁신 도구로서 생명이 끝난 것이나 다름없다. 오히려 TPS가 간단하고 확실한 철학으로 현장 인력의 행동을 혁신으로 유도할 수 있었고 짧은 기간에도 좋은 결과를 낼 수 있는 방법으로 자리를 굳힌 것이다.

따라서 많은 기업들이 예전과 달리 교만한 태도를 버리고 이제는 "도요타를 올바로 그리고 제대로 배우자"는 슬로건으로 과거의 오류를 범하지 않으려고 기초부터 다시 시작하는 모습들이 눈에 자주 띈다. 그러나 이미 벌려놓은 식스 시그마 활동의 투자비와 업무 방식을 단번에 차단하지 못하고 어정쩡한 모습으로 다시 TPS에 접근하는 모습을 보면 역시 이도 저도 이루지 못하고 또 다른 실패를 불러올 것 같은 예감이 든다. 우리의 행동 문화를 바탕으로 해서 과거의 지도 경험들을 되새겨보면 TPS 추진이 훨씬 적응력이 높은 것으로 판단된다.

그 어느 것보다 쉬운 창조 습관을 선택

도요타 생산 시스템의 실천 철학은 넓게 그리고 깊게 자리잡고 있다. 기초적인 개념부터 높은 수준의 응용기법까지 짧은 시간에 그대로 따라 한다는 것은 불가능하다. 따라서 부분적일지라도 실현 가능한 것을 선택해서 우리의 실정에 맞게 재해석하여 적용할 필요가 있었다. 하지만 따라할 수 없는 외국의 경영혁신 모델을 빠른 시일 내에 그대로 모방하려 했던 많은 어리석은 경영자들의 행동이 결국 단계적인 성장의 기회를 없애버린 결과를 낳았다. 자기 몸에 맞지 않는 옷을 억지로 꿰어 입는 식으로 자기 기업 환경에 맞지 않는 방법을 억지로 몰아친 탓에 조직원들이 재차 체계적인 행동을 숙고하며 실천할 수 있는 여유를 잃어버리고 만 것이다.

벤치마킹을 하는 조직은 크게 두 그룹으로 나뉜다. 하나는 근본적으로 이미 젖어 있는 기존의 습관들을 버려야 하기 때문에 남의 것을 도입하는 것 자체가 너무 어렵다고 푸념하는 그룹이 있고, 어렵지만 좋은 발상이니 시도해보자는 적극성을 가진 그룹이 있다. 그러나 대부분의 조직이 어렵게 도입한 방식의 기본적인 의미 해석은 물론, 본인들이 처한 상황에 맞게 적합한 응용 없이 진행하다가 단념하고 마는 것이다.

그리고 도요타 방식은 아주 독특해서 우리 기업문화에 이식하려면 마치 사람의 장기를 이식하듯이 사전에 거부반응이 없는 세포를 만드는 데 주력해야 할 필요가 있다는 걸 명심했어야 하는데 그걸 놓쳐버리고 만 것이다.

TPS의 도입에 부정적인 반응을 일으키는 조직원들도 많다. 내심 거부감을 갖고 "왜 하필이면 도요타 방식인가?"라는 질문을 던진다. 그러나 상대적으로 "그렇다면 다른 좋은 방법 있는가? 있다면 가르쳐 달라"고 되물으면 모두가 조용하다. 어떤 사실을 부정하는 것은 간단하다. 하지만 대책 없이 벤치마킹을 거부하는 나쁜 습관도 문제다.

초일류 경쟁력을 리드해온 역대 도요타 CEO들은 시대에 관계없이 한 목소리로 도요타 문화는 서구의 특징인 선택하는 문화가 아니라 농경민족의 특성을 살린 키우는 문화임을 강조했다. 도요타도 예전에 포드나 GM의 제조 사상을 완전히 이해하지 못하여 그들의 차를 완벽하게 모작해보지도 못한 채로 도요타 자신의 고유 방식으로 개발하기에 이르렀다. 그런 이유로 도요타는 존재하는 것 중에 선택을 해서 상황을 어렵게 끌고 갈 것이 아니라 차라리 자주적인 발상으로 쉽게 실천하고 행동할 수 있는 문화로 방향을 돌렸다. 이런 맥락으로 볼 때 우리가 도요타 방식의 벤치마킹을 어렵게 느끼는 것은 당연한 것이지 똑같이 안 된다고 실망할 필요는 없다.

도요타의 창조는 가장 낮은 데서 손쉽게 출발한다는 사례를 살펴보자. 도요타 내부에서 조립 라인의 작업 배분을 균등하게 주기 위해 각 공정의 작업을 분석할 때 일차원적 방식으로 10년간 실행한 적이 있다. 조립의 각 요소 작업을 시간 크기로 종이를 이용해 직접 자르고 나서 난이도에 따라 적색부터 청색까지 색을 구분하여 공정별로 누적시킨 후 하나 하나 어려운 작업부터 개선하여 전체 작업 균형을 잡아나가는 방식이다. 이와 같은 방법으로 1970년대 초부터 공정 밸런스에 응용한 후 비로소 10년 만에 작업 개선의 표준으로 정한 사례도 있는 것처럼, 고급의 첨단 방식도 아닌 단순한 사고에서 출발한 창조적 행위를 독자적으로 꾸준히 체계화해온 저력이 현재의 도요타를 만들었다.

수준이 높다고 느껴지는 도요타의 수많은 기법들은 이렇게 개인적인 깨달음으로 탄생한 아이디어를 지속적으로 응용할 수 있도록 환경을 만들어주어 완성된 것들이 대부분이다. 단순한 아이디어를 유치함으로 치부하지 않는 개개인의 의식과 조직문화가 결국 창조를 유발시킨 것이다.

이제까지 하지 않았던 어떤 것이든 모두 가능성으로 키워주는 동료와 상사들의 배려만이 모방을 뛰어넘는 창조를 이끌어낼 수 있다. 창조를 하려면 새로운 능력과 문화도 필요하겠지만 우리 내부에 존재하는 바람직하지 못한 장해의식들을 찾아내 하나씩 버리는 것이 급선무다.

TOYOTA

애정이 없는 상태에서 '지겨운 오늘 하루를 또 어떻게 보내나?' 하는 마음으로 회사에 출근하는 사원들이 많을 때 그 기업은 활력을 잃고 기울 수밖에 없다. 기업의 운명은 경영자나 기업의 운에 달린 것이 아니라 사원들에게 달려 있음을 도요타의 평범한 인재들은 보여주고 있다. 세상의 모든 기업들이 너나없이 혁신을 외치고 있지만 혁신은 거창한 것이 아니라 일터에서 행복을 찾는 사람들이 작은 꿈들을 하나하나 이뤄가는 과정에서 쌓인 결과라는 사실을 초일류기업 도요타의 사례에서 배울 수 있다.

PART 02

조직 경쟁력 향상을 위한
실천력의 패러다임

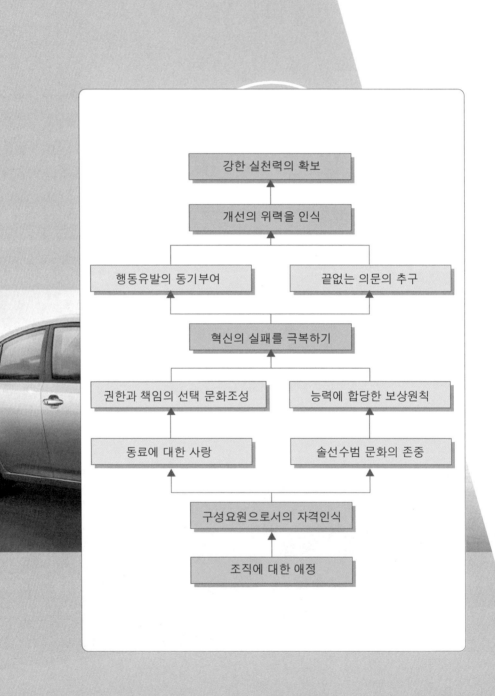

17
현재의 나와 직장을 무조건 사랑하라

행복감과 만족은 어디에서 오는가

오랜 지도 경험을 돌아볼 때 사원들이 높은 비율로 자기 직장에 대한 만족도를 보이는 조직을 접한 적은 없는 것 같다. 비록 대기업이라도 겨우 절반을 넘어서는 정도다. 만족도가 낮은 가장 큰 이유는 직장에 바치는 노력에 비해 합당한 대우를 받지 못하고 있다는 점과 보장받지 못하는 중년 이후의 비전 때문인 것으로 나타났다. 제대로 일을 해보기도 전에 이미 타산적인 사원들이 돼 간다는 얘기다. 그런 결과 조금만 틈이 있어도 조직이탈을 노리는 사원들이 많은 것도 사실이다.

사원들의 만족도가 높은 기업이 더러 있다 해도 그런 조직들은 대부분이 일 덜하고 연봉을 많이 받는 이른바 신이 내린 직장이 대부분이다. 시대를 이끌어 가는 경쟁력과 초일류의 리더십을 구가하는 실력에 의한 자부심이 아니라 시간이 많이 나고 투입한 노력에 비해 돈을 넉넉히 받는 것이 개인적 만족도를 높이는 것 같다. 결국 내실 있는 진정한 만족도의 비율은 비교적 낮은 것으로 판명된다.

도요타의 사원들에게 직장에 대한 만족도를 조사해보면 90퍼센트가 훨씬 넘는 직원들이 매우 만족스럽게 생각한다고 오래 전 도요타 계열사 간부에게 전해들은 적이 있다. 하지만 일본 내의 다른 자동차 회사 사원들의 만족도는 혼다를 제외하고는 도요타에 비해 훨씬 낮은 수준인 것으로 알려져 있다. 동서고금을 막론하고 선두를 질주하는 기업의 사원 만족도는 대개 비슷한 경향을 보이는 것이 사실이다. 혹사당한다 할 정도로 경쟁기업보다 일을 더 많이 하면서 최고의 보수를 받지도 않는 기업에서 어떻게 만족도가 그렇게 높을 수 있는 것일까. 그것은 다름 아닌 자아실현에서 찾을 수 있을 것 같다.

도요타에 입사하는 많은 젊은이들은 도요타가 큰 기업이고 안정된 기업이라서기 보다는 개인의 꿈을 차근차근 실현할 수 있는 장소로 생각하기 때문에 선택한다는 평가가 있다. 이들은 도요타에 입사하면 보통 기업과는 달리 많은 창조적 활동과 변화에 동참해서 쉴 새 없이 본인을 바꿔가야 한다는 것을 알고 입사한다. 따라서 자기가 스스로 어떤 인간이 돼야 할지를 먼저 선택하고 그 꿈에 합당한 직장을 선택한다는 의미다.

뚜렷한 목적의식을 갖고 입사해 자기회사를 사랑하는 사원들이 대부분인 조직은 그 기업의 기술력이나 판매력 이외에 또 하나의 강력한 무기를 지니고 있는 셈이다. 특히 도요타는 신입사원 시절에 실시하는 초기교육부터 회사에서 어떻게 일하느냐를 가르치기보다는 회사를 어떻게 바라보고 얼마나 애착을 가져야할지를 가르친다. 그리고 초기에 선배들과의 밀착된 OJT On the Job Training를 통해 인간적인 관계를 먼저

맺어주어 내리사랑의 감각을 익혀준다. 그렇게 함으로써 막연한 희망만을 지니고 있던 신입사원들에게 자기가 이 회사에 꼭 필요한 귀중한 인재라는 인식과 함께 직장에 한 발 더 가까이 다가올 수 있도록 하는 자연스런 기회를 제공한다.

도요타의 선배직원들이나 간부들이 어느 정도의 기간이 지난 사원들에게 가끔 "당신의 진정한 행복감이 어느 순간에 가장 크게 다가오는가?" 하는 질문을 던져본다. 그런 질문에 대해 일상의 도전 과제에서 소기의 목적과 목표를 이루었을 때 행복을 느낀다는 응답이 거의 지배적이다. 그런데 그 행복감은 도대체 무엇으로부터 오느냐를 곰곰이 살펴보면 하나같이 타인들, 즉 동료들로부터 자기의 현재 모습과 능력을 인정받고 있다는 기쁨에서 시작한다는 것을 알 수 있다. 일에 대한 작은 행복감들은 상사에게 혹은 거래처 고객에게 그리고 작게는 동료에게 자신의 능력을 인정받음으로써 스스로 존재감을 새롭게 하는 데서 생겨난다고 볼 수 있다.

내 인생을 사랑한다면 내가 속한 그곳을 사랑하라

도요타가 위치한 곳은 동경과 한참 떨어진 중부지방이고, 나고야에서도 한 시간 가량 내륙으로 들어가야 한다. 따라서 일반적 상식이라면 좋은 인재들이 선택할 만한 곳은 못된다. 그래서 도요타 직원들은 거의 다 지방의 평범한 인재들이다. 그렇다고 도요타가 불만을 갖고 있는 것은 아니다. 오히려 그들은 머리 좋은 직원들보다는 노력하는 직원이 많은 회사이기를 바란다. 모자라는 것도 많고 잘 하는 것도 별로 없는 인재들이지만 회사를 성장시키는 일에는 계산하지 않고 아낌없이 노력하는 직원들이기를 희망한다. 마치 하찮은 거미줄도 잘 엮으면 사자를 묶을 수 있을 만큼의 힘을 발휘하듯이 개인 실력보다는 단결력을 더 요구하고 있는지도 모른다. 그래서인지 도요타는 인간은 원래 나약한 동물이라는 공통된 가치관으로 협동하는 행동을 촉진시키는 데 일가견이 있다.

도요타의 연구과정에서 느낀 특징 가운데 하나는 그 조직 자체가 훌륭한 리더보다는 우직한 추종자들에 의해 움직인다는 점이다. 업무의 실무를 담당하는 추종자들이 갖는 의식을 팔로워십Followership이라고 하는데 그 근본은 협력하는 자세다. 리더는 조직 내에서 중요한 것을 가려내어 착수에서 완성까지를 책임지는 반면에 일선에 있는 멤버들은 주로 목표를 중심으로 짜인 실무적 프로그램들을 향해 돌진하는 역할을 맡는다. 여기서 진정한 추종자 정신은 리더가 제시한 목표를 비판적이면서도 창의적으로 해석해서 나름의 방식으로 완성하는 것을 기본으로 한다.

그리고 복종하면서도 속으로는 '이건 아닌데……' 하는 부정적 마음으로 반신반의하는 태도를 갖지 않는 것이 바람직하다. 복종 속의 의심과 부정적 사고는 자기 스스로의 인격을 말살할 수 있어서 일 속에서의 행복감은 도저히 찾을 수 없다. 특히 경영진과 상사들을 믿고 충직하게 업무에 돌진하는 환경이 오늘날의 도요타를 만든 것처럼, 현재 어디에 소속이 됐든 사원들이 회사의 정책에 묵묵히 긍정적인 마음으로 충실하게 임해야 가장 쉽게 행복감을 발견할 수 있고 소속기업 또한 무한대로 성장할 수 있을 것이다.

평범한 사원 입장에서 이왕 선택한 회사의 추구 이념에 협력하는 기본정신을 지속시키려면 조직 리더의 인간성에 따라 협력도를 조절하려

들지 말고, 상사가 갖는 역할이나 지위 자체를 존중하여 상황에 관계없이 늘 협력하는 자세를 키울 필요가 있다. 그렇게 하면 직장에 대한 애착이 자꾸 생겨나고 행복을 느낄 수 있는 보람이 많이 찾아온다는 점을 발견할 수 있을 것이다. 일터에서 매 순간 행복을 느끼려면 일터를 사랑해야 하는 것은 당연하다.

애정이 없는 상태에서 '지겨운 오늘 하루를 또 어떻게 보내나?' 하는 마음으로 회사에 출근하는 사원들이 많을 때 그 기업은 활력을 잃고 기울 수밖에 없다. 기업의 운명은 경영자나 기업의 운에 달린 것이 아니라 사원들에게 달려 있음을 도요타의 평범한 인재들은 보여주고 있다. 세상의 모든 기업들이 너나없이 혁신을 외치고 있지만 혁신은 거창한 것이 아니라 일터에서 행복을 찾는 사람들이 작은 꿈들을 하나하나 이뤄가는 과정에서 쌓인 결과라는 사실을 초일류기업 도요타의 사례에서 배울 수 있다.

사실 많은 사람들로부터 일하는 직장을 벗어나서 행복감을 얻는다는 얘길 자주 듣는다. 직장에서는 대충 하루를 보내고 가정에서 그리고 자기 여가시간에서 행복을 찾으려고 노력한다. 하지만 그런 사람들은 수면 시간을 제외하고 뇌가 살아있는 시간 중에 70퍼센트 안팎의 시간을 직장에 투자한다는 사실을 망각한 사람이거나 그 시간을 단지 수입을 위해 버린 인생 또는 수단으로 희생된 시간이라고 간주하는 사람들일 것이다. 그렇지 않다면 인생의 대부분을 차지하는 직장 내에서의 업무적 보람과 직장동료들과 함께하는 시간에서 얻을 수 있는 행복감을 소중하게 여길 수밖에 없다. 그런 일터에서의 행복감이 가정과 자기 여가에 이어질 때 저절로 만족감이 배가되는 인생을 살 수 있을 것이다.

18
내가 왜 조직에 필요한지 늘 생각하라

나는 과연 조직에 꼭 필요한 인재인가

구조조정이란 말에는 정리해고라는 의미가 담겨있다. 조직에 필요한 사람과 불필요한 사람을 구분하여 불필요하다고 간주되는 사람들을 내보낸다는 의미다. 이런 환경 속에서 사오정(45세)과 삼팔선(38세)이라는 신조어가 등장하기도 했는데, 사실 여기에 해당되는 사람 중에는 실력이 있어도 상사와의 인간관계나 조직과의 화합이 원만치 않은 사람들도 있고 아니면 실력이 신통치 못해 밀려난 사람도 있다. 한마디로 말하면 조직에 기여할 수 없는 사람이라는 표시다.

마음 한구석에서 조금이라도 '내가 어떡하면 이 조직에 꼭 필요한 사람이 될 수 있는가?'를 늘 생각하고 일을 했다면 밀려나는 일은 없었을 것이다. 그래서 해고된 이후에 본질을 깨닫고 다른 조직에서 만회해보려고 시도하지만 좀처럼 받아주지 않는다. 이미 주어진 기회에서 사명을 다하지 않은 사람은 어디에서도 환영받지 못한다는 것을 말해주는 것이다.

가끔 무료한 태도를 보이는 직원에게 상사는 가만히 있지만 말고 일을 좀 찾아서 할 줄 알라는 핀잔을 준다. 그 말은 조직 내에서 이루어지는 일이란 항상 어딘가에 2퍼센트 부족한 면이 존재한다는 뜻이다. 해야 할 일이 버려져 있거나 다시 생각해보면 더 좋은 결과를 낼 수 있는 일도 많다는 의미다. 하지만 그런 조언에 아무런 대응 없이 잔소리 정도로 치부하면서 지나치는 순간, 이미 주어진 기회를 상실해가는 과정을 밟고 있다고 봐야 한다. 무엇을 위해 본인들이 존재하는지 조차 모르고 일상을 보내게 된다.

도요타는 70년 역사 속에서 1950년에 범국가적으로 불어닥친 인플레 통제 속의 불경기 하에서 도산을 막기 위해 단행한 구조조정을 제외하고는 회사가 종업원을 내친 적이 없는 기업이다. 온화한 사풍을 자랑하던 도요타에서 뼈아픈 과정을 한 번 겪은 경영진과 사원들은 두 번 다시 똑같은 경험을 겪지 않기 위해 하나의 특별한 철학을 마련했다. 도요타의 모든 직원들은 현재의 나를 위해 일을 하고 노력하는 것이 아니라 후세들의 일자리와 현재의 직장을 경제권의 핵으로 든든하게 만들기 위해 일한다고 생각하자는 것이 바로 그들이 찾아낸 근로철학이다.

그래서 그 강하던 노조조차도 50년이 넘는 세월을 보내면서 회사의 정책에 적극 협력하는 자세로 현재와 미래를 동시에 굳건하게 다지는 모습을 만인에게 보여주었다. 노조 자체는 그 활동이 공정하고 건설적일 경우에는 신성하다고 할 만큼 고귀한 조직으로 평가되지만 파괴적이면 즉시 저주의 대상이 된다는 것을 이미 그들은 깨달은 바 있다. 하지만 현재 우리 주위에 있는 대부분의 노조들은 불행하게도 노사 양쪽의 번영을 가로막는 경향이 강한 것이 사실이고 아직도 폭탄을 끌어안고 있는 존재로 여겨진다. 회사가 이윤이 많이 나더라도 현재 내가 그리 부족한 것이 아니라면 미래의 투자를 위해 조금씩 양보하는 입장으로 박한 봉급 인상 폭에도 동참하는 태도를 도요타의 강성노조는 스스로 보여준다.

각자의 역할에 새로운 각도의 조명을 비춰라

직장을 단지 수입을 얻는 수단으로 생각하고 일을 하면 오로지 본인이 받는 수입에 기준해서 바라보고 행동하는 습관 때문에 모든 가치판단이 잘못된 결과로 이어질 수 있다. 하지만 수입 이전에 그보다 더 큰 가치관이 존재하면 본인들의 역할과 할 일들은 무한하다고 여기기 때문에 굳이 불평할 수입이 아니라면 조직에 기여할 바를 열심히 찾고 있을 것이다.

한때 교육과 지도를 병행했던 어느 기업은 설립한 지 두 해도 되지 않아 상품을 만드는 능력이 안정되지 않은 상태에서 많지도 않은 현장 종업원들이 노조를 결성한 일이 있었다. 그런 결과 몇 안 되는 종업원들마저 90퍼센트에도 미치지 못하는 양품률 속에서 회사가 적자가 나든 말든 상관없이 자신들의 주장만 계속 되풀이하여 결국 회사 성장의 발목을 잡게 되었다.

그때 절실하게 느낀 점은 가져갈 것도 없는 속에서 자기 욕심을 채우려는 노조활동은 비난받아 마땅하고 사원 자신들이 현재 조직을 위해 해야 할 본분이 무엇인지 인식하지 못하면 그 집단 자체가 오래 버티지 못한다는 것이다. 반대로 조직원들에게 역할을 제대로 부여하지도 못하고 성장시키지도 못하는 실력 없는 기업들도 도태되고 마는 것을 알 수 있다. 사원의 참된 기쁨은 소속된 기업의 중대한 목적에 자신이 활용된 다는 데에서 나올 수 있는 것인데 그러한 근로관은 이미 여기저기서 무너지고 있음을 목격할 수 있었다.

요즘의 많은 젊은이들이 사회에 진출하면서 겪는 시행착오들을 보면 예전의 산업성장 시기와는 다른 사고방식을 발견할 수 있다. 기업이 필요로 하는 일을 하겠다고 마음먹는 것이 아니라 어떻게 해서든 처음부터 자기가 원하는 일을 하려고 든다는 점이다. 이런 경향 때문에 급한 김에 특정 조직에 입사했어도 적응하지 못하고 뛰쳐나와 결국 이직률만 높이는 역할밖에 하지 못한다. 더욱이 그런 행동들은 종국에 다른 사람들의 기회를 앗아가 사회의 발전을 가로막는 문제로 남게 된다. 이런 젊은이들에게는 사회가 요구하는 방향의 역할 완수가 곧 개인의 존재감을 완성시킨다는 개념이 공염불로 들릴 것이다. 자신이 원하는 일을 사회가 원하는지의 여부에 관계없이 관철시키는 것이 자아실현이라고 생각하는 것은 사회발전을 해치는 위험한 사고로 볼 수 있다.

조직을 성장시키고 그 속에서 자신의 존재를 확인하려면, 조직이 추구하는 방향은 무엇이고 나 자신이 해야 할 역할과 할 일은 무엇인지 늘 고민하고 궁리해야 한다. 그런 사람의 행동결과는 곧 기업이 절실히 필요로 했던 것으로 판명날 것이다. 회사의 성장을 위해 오늘의 나를 덮고 있는 껍질을 깨고 내일 새롭게 할 역할을 찾는 데서 도요타 사원들의 자부심을 발견할 수 있듯이 우리도 늘 스스로의 역할에 각도가 다른 조명을 비추어 버려지거나 살리지 못한 역할을 찾아내려는 현명함이 찾아들도록 노력해야 한다.

19
내 곁의 동료를 감동시켜라

동료를 감동시키면 조직이 성장

어떤 조직이든 혼자서 할 수 있는 일은 드물고 동료간에 서로의 도움이 있어야만 훌륭한 결과를 맛볼 수 있다. 도요타가 보여주는 초일류의 품질 능력과 최고의 노동생산성은 동료들과의 협력에서 나온다. 직원들에게 가해지는 압력에는 외압과 내압의 두 종류가 있다. 외부 환경의 변화정보나 사건에 의한 동기로 내부의 직원들이 각성을 하게 되어 행동의 변화가 일어날 때 외압에 의한 변화라 말한다. 그리고 회사 내부의 직원들 간에 일어난 상황에 의해 행동변화가 일어난다면 그것을 내압에 의한 변화라 한다.

도요타에는 품질보증의 슬로건으로 '불량은 받지도 말고 만들지도 말며 주지도 말자'라는 문구가 전통으로 내려오고 있다. 이것은 앞 공정으로부터 올 수 있는 불량을 내 공정으로 유입시켜서는 안 된다는 의미이고, 나 자신이 불량을 생산한다는 것은 있을 수 없는 일로 간주하면서 동시에 만일 자신이 불량을 발생시켰더라도 후속 공정에는 건네주지 않아야 한다는 각오가 담긴 뜻이다. 이런 자세와 의지로 생산라인은 항상 양품만을 흘려야 한다는 긴장감으로 둘러싸여 있다.

그래서 간혹 나 자신이 발생시킨 불량품을 후속 작업자가 작업하기 직전에 발견하거나, 아니면 발견 못하고 그냥 작업을 진행시킨 후 불량임을 알아차렸을 때 생길 동료의 불만을 생각만 해도 등골이 오싹해지는 스트레스가 존재한다. 다른 사람에 의한 실수가 내 목표달성의 장해물이 된다면 불쾌한 감정이 생기는 것은 당연하다고 보고 있다. 따라서 불량 자체를 만든 것보다 그것을 동료에게 건네주어 동료를 곤란함에 빠뜨렸다는 자책감이 더 크게 작용하는 문화다. 그런 결과 동료의 안정감 있는 작업을 위해서도 불량을 만들면 안 된다는 생각이 모든 작업자에게 지배적으로 작용한다.

결국 도요타의 초일류 품질수준은 동료를 배려하는 생산의식에서 출발한 것에 불과하다. 앞 공정의 동료가 온전한 물건을 건네줄 때 하루의 완성감이 들고 동료에게 감사하는 마음으로 직장을 나선다는 뜻이다. 결국 후속 동료에게 감동을 안겨주는 것이다.

하지만 일반적인 기업의 현장인력들은 외부로부터 되돌아온 불량품이나 고객의 불만 섞인 목소리가 있어야만 위축되고 긴장감이 조성된다. 게다가 간혹 경영자가 생존을 위해 품질향상의 노력이 반드시 필요하다고 으름장을 놓는 직언에 경각심을 갖기도 한다. 더 심각한 일은 일상적으로 직속 상사와 불량품 생산을 놓고 벌이는 논쟁에는 이력이 나 있어서 자극도 별로 받지 않는 분위기 그 자체다.

설령 전후 공정 간의 불량 문제가 발생해도 부끄러워하기 보다는 핑계를 대면서 실랑이가 벌어지는 광경이 더 많다. 동료에게 감동을 준다는 생각은 생각할 수도 없거니와 오히려 원수지지 않으면 다행이라는 분위기도 있을 정도다. 이렇게 동료 간에 오갈 수 있는 감정의 이해나 배려심의 차이가 결국 일류와 삼류를 가르게 한다.

도요타의 현장에 퍼져 있는 동료 간의 또 다른 감동 주고받기는 도움작업이라는 행동에서 나타난다. 어느 작업자든지 정해진 시간 내에서의 작업동작에 익숙해지면 약간의 여유가 생기기 마련인데 그 여유를 간혹 옆의 작업자가 시간이 부족한 사정을 만나 곤란해져 있을 때 도와주는 시간으로 활용한다. 그래서 동료의 개인사정으로 라인 전체의 지연이 발생하지 않도록 도와주는 문화가 있다. 이것 역시 도요타가 일정한 시간 간격으로 생산을 완수하는 비결의 하나로 작용한다. 이웃하는 동료끼리의 배려가 둘 사이에서의 감동을 넘어 회사의 목표달성으로 연결된다는 것을 처음부터 인식하지는 않았을 것이다.

자기만을 위한 욕심을 절제하고 본인이 수행할 일이 후속 수행자의 선행 업무라고 생각하는 동시에 고객이 마주할 최종 서비스라고 생각한다면 상대방들을 배려한 일 처리로 자연스럽게 유도될 수 있다. 결과적으로 동료에게 충실한 사람은 자기 자신에게도 충실하며 조직에게도 충실하다는 진리를 발견할 수 있다. 이러한 개념은 개발을 담당하는 엔지니어나 사무직에도 그대로 적용되어 정보를 다루는 관리직들도 현장 내에서 일어나는 것과 동일한 의식으로 업무적 오류를 발생시키지 않도록 무장했기 때문에 도요타 전체의 파워가 초일류로 인정받게 된 것이라 볼 수 있다.

상사와 부하직원은 서로를 감동시켜라

상사와 팀원 간의 업무관계 형태에는 두 가지가 존재한다. 그 첫째는 팀원이 의사결정이나 행동하기에 앞서 상사로부터 항상 확인이나 결재를 얻고 실시하라는 얘기를 듣는 경우고, 다른 하나는 상사가 팀원의 신중함과 실력을 믿기 때문에 본인이 알아서 집행하라는 얘기를 듣는 경우다.

전자의 경우는 팀원이 실행하는 일에 적지 않게 오류가 발생하고 있다는 뜻이고 후자의 경우는 오류가 거의 없이 상사를 늘 만족시켜준다는 의미다. 하지만 실력이 부족한 전자에 해당하는 사원일지라도 본인이 수행해야 할 일의 시나리오를 상세히 계획하여 상사에게 확인하는 배려의 습관을 가졌다면 상사는 팀원을 무능력하게 보지 않고 오히려 완벽한 일처리를 하려고 늘 노력하는 사원이라고 긍정적인 평가를 내릴 것이다. 도요타의 문화가 그런 경향으로 흐른다.

후자의 경우는 처음에는 상사에게 일처리의 사전 검토를 의뢰했겠지만 하는 일마다 상사의 생각을 뛰어넘을 정도로 우수하여 상사가 감동한 끝에 팀원의 자율적인 처리 능력을 인정한 경우라 할 수 있다. 따라서 조직의 성장과 목표하는 결과를 내기 위해서는 동료를 감동시키는 것 못지않게 상사를 감동시키는 일도 중요하다.

진급이라는 것은 개인에게 있어서 큰 의미를 갖는다. 상사를 감동시켜 더 이상 직속상사의 도움 없이도 스스로 업무를 집행할 수 있을 때 진급하는 것이다. 그래서 스스로 창업하여 CEO 위치에 있는 사람을 제외하고, 일정한 규모를 갖춘 기업이나 조직의 전문경영인들은 평소에 늘 상사를 감동시켜 더 이상의 상사가 필요 없는 위치까지 올라간 것이다.

상사만이 아니라 오히려 부하직원들을 감동시킬 필요도 있다. 업무수행에 대해 칭찬이나 각종 격려 행위가 팀원에게 감동을 줄 수 있지만 가장 큰 감동은 역시 부하직원의 실력을 인정해주는 행위가 될 것이다. 상사가 혼자 쉽게 처리할 일이라 여겨 완성된 서류를 건네며 그대로 하라고 지시하기 보다는 한 번쯤은 팀원을 불러 의견을 물어본다든지, 내용 중의 구체적인 정보를 다시 한 번 확인한다든지 하는 배려를 한다면 잔잔한 감동이 팀원에게 전달될 것이다. 사실 상사가 알고 있는 실무정보는 팀원보다 정확하지 않을 경우가 많아서 확인행위가 이로울 때가 많다. 그 결과 팀원 자신은 상사에게 인정받고 있다는 자부심과 상사를 존경하게 되는 동기를 가지게 된다. 이렇듯 이웃하는 동료와 상사 그리고 부하직원에게 감동을 주는 조직문화가 초일류의 밑거름으로 작용됨을 인식해야 한다.

20
성실한 사람이 왕따 당하는 환경을 바꿔라

솔선수범이 비난의 대상이 되는 사회

언젠가 부산에 위치한 오래된 중견기업을 진단하기 위해 방문한 적이 있었다. 혁신을 하기 위해 내부에서 여러 시도를 해봤지만 특별한 성과가 없어 무엇이 잘못 되었는지 알기 위해 진단을 요청한 것으로 기억한다. 내부의 여러 현상을 관찰하던 중, 여러 대의 동일한 가공기계와 이 기계들을 다루는 여러 명의 작업자가 있는 공정에서 생산성을 높이는 과제에 대해 마주치게 되었다. 이 과정에서 나는 도요타의 표준시간 측정관례에 대해 설명해 주면서, 여러 명의 작업자가 올리는 실적을 관찰해 가장 높은 생산성을 보이는 작업자에게 인센티브를 주고 작업성이 뛰어난 그 모범 작업자의 방법을 표준으로 정하는 방안을 제시했다.

하지만 정작 가장 높은 성과를 올렸던 해당 작업자는 자신에 대한 회사의 관심을 달갑게 여기지 않았다. 그가 올린 우수한 실적에 동료들 모두가 욕을 하며 심지어 사주의 앞잡이 운운해 가며 협박하는 분위기로 따돌림을 당했다는 것이다. 누구는 할 줄 몰라서 안하는 줄 아느냐고 을러대면서 동료들을 피곤하게 만들지 말라는 위협과 함께 지속적으로 괴롭힌다는 얘기였다.

결국 그는 회사 측의 모범 작업자로 인정되기를 사양했고 생산량 또한 스스로 조절하여 동료들과 비슷한 수준으로 내리는 행동을 하고 만다. 무심코 주위의 동료들이 원하는 방향과 반대로 행동했던 그 작업자는 마치 강물을 거슬러서 헤엄치는 사람만이 느낄 수 있는 저항을 느꼈을 것이다. 그 후로 생산성의 차이는 사라지고 여러 명의 성과가 매일 비슷한 수준으로 나타난다는 말을 후에 전해 들었다. 결국 생산성은 향상시킬 수 없다는 결론이다.

위에 거론된 기업의 내부 환경은 최악의 상황이라 할 수 있다. 매년 인상된 월급을 받기 원하면서 일은 가능한 한 최저의 스피드로 게으름 부리는 악습을 지니고 있는 것이다. 노조도 구성돼 있으니 얼마나 안전망이 잘돼 있겠는가. 그런 회사의 각 건물 입구들이 전부 혁신 구호로 도배되어 있는 모습이 우스꽝스러울 뿐이었다.

예전에 국내의 어느 자동차 기업 내에서도 소형 트럭의 조립 컨베이어 속도를 라인의 반장이 너무 느리게 작동시켜 주문량을 맞추지 못하는 것을 안타까워하던 관리자가 임의로 10퍼센트 정도 빠르게 조절하자 라인의 작업자가 바로 알아차리고 모터를 불태워 라인을 정지시켜 버린 일도 목격했다. 조금도 땀 흘리고 싶지 않은 작업자의 저항은 이토록 무섭고 집요한 면을 보인다.

우리가 살 길은 악습을 몰아내는 일

도요타가 세계에서 가장 뛰어난 노동생산성을 보이는 이유는 작업 스피드가 가장 빠른 작업자의 동작이나 방식을 모범으로 선정하고 다른 동일한 작업자들의 표준시간을 모두 수정하는 원칙 때문이다. 그리고 그 작업자의 동작을 동영상으로 녹화한 뒤에 다른 작업자들이 보고 연습하도록 공개하는 내부규칙을 활성화시킨다. 따라서 작업자들은 어떻게 그런 빠른 스피드로 동작 구성이 가능했는가를 궁금해 할 뿐이지, 쓸데없는 일을 벌이고 있다는 식으로 비아냥거리지 않는다. 이런 의식 차이가 두 배 이상의 생산성 차이를 만든다.

원래 훌륭한 모범은 마음 안에서 동요하는 어떤 교훈이나 각성보다도 더 강력한 힘을 지닌다. 주위 사람들에게 큰 영향력을 발휘하는 이런 유일한 수단을 발휘하지 못하고 매장시키는 문화는 더 이상 발전을 기대하기 힘들다. 모범을 따르기 보다는 현재의 편안함과 게으름의 큰 흐름에 기생하며 지내는 것을 선택한 본능이 발전의 가장 큰 장애물이다. 그런데 그러한 본능들이 모여 조직적인 악습으로 변할 때 세월이 갈수록 더욱 강해지는 모습을 볼 수 있다. 국내의 자동차 기업이 해마다 겪는 파업의 현상을 봐도 쉽게 그 현상을 목격할 수 있다. 훌륭하게 가공하면 빛을 낼 수 있는 다이아몬드가 잘못 가공되어 유리조각들로 전락하는 모습을 보는 듯하다.

많은 작업자들이 스피드를 내어 생산성을 올리지 않는 이유는 되돌릴 수 없는 경계선을 넘어가려고 하지 않는 습성 때문이다. 한 번 올라선 수준을 보여주면 항상 그 이상의 스피드는 유지해야 한다는 강박관념이 큰 부담으로 다가온다. 그런 사고는 개선이나 혁신은 어쩌다 한 번 하는 것쯤으로 인식할 때 생겨난다. 하지만 도요타처럼 개선은 끝이 없고 혁신은 무한하다는 확신으로 활동을 계속 전개할 때 그런 부담은 사라지고 오로지 앞만 보고 전진할 수 있는 것이다.

고통과 땀 없이는 참으로 가치 있는 것을 얻을 수 없다는 선배들의 직언을 귀담아 듣고 실천하는 도요타 사원들의 행동은 외부에서 도저히 이해하지 못한다. 어째서 편한 작업과 후한 수입을 마다하고 계속되는 노력과 도전을 쫓는지 납득할 수도 없을 것이다. 하지만 그들은 모범 작업자를 왕따시키고 생산성이 더 오르는 것을 가로막는 그런 행위를 할 수가 없다. 회사가 철저히 파괴되어 무너지는 과정을 목격했던 선배들의 살아 있는 증언과 진심에서 우러나와 지속된 솔선수범이, 자칫하면 악습으로 변할 신세대의 근로관을 바로잡아주었기 때문에 경험이 없는 젊은이들도 추종하고 따를 수밖에 없다. 선후배 할 것 없이 모두 일 적게 하고 돈 많이 받자는 일심동체의 행동은 결코 할 수가 없다.

우리나라는 벼랑에 서 있다. 바로 앞에는 저만치 앞서 달리는 선진국이 있고 뒤에는 곧 우리를 추월할 대국大國이 마치 잡아먹을 듯이 뒤쫓아온다. 후퇴하는 흐름에 기생하며 살고픈 악습을 이제는 더 이상 허용해서는 안 된다. 그리고 성실하게 조직에 기여하려는 사람이 주위의 차가운 눈초리를 두려워해서는 더더욱 안 된다. 조직의 발전을 위해 시간을 어떻게 보내야 할 것인지를 먼저 결심하고, 반드시 해야만 한다고 생각한 일들을 서슴없이 해치우는 젊은이들로 득실대야 한다.

21
권한과 책임은 부여가 아니라 선택이다

결과를 위한 권한과 책임의 구비

　대부분의 조직에서 혁신을 이루려면 활동 자체를 이끌고 지휘해야 할 리더들이 필요하다. 하지만 상부에서 리더를 선출할 때 어느 누구도 자청하는 사람은 나오지 않는다. 경영자 자신이 혁신활동은 기간基幹 업무가 아니라 번외활동이라고 생각하면서 추진할 때 더욱 그렇다. 권한은 별로 없고 책임만 많은 자리라고 여겨 피하기 때문에 할 수 없이 강제로 임명된 간부가 간신히 활동을 이끌어가는 억지환경을 만든다. 이런 혁신은 대부분 실패한다. 스스로 선택한 것이 아니라는 이유가 가장 크다. 그래서 매 번 혁신리더의 자리는 바뀔 수 있다는 전제 하에 담당하기 때문에 추진력이 떨어진다.

　지도하던 기업 중에 가장 큰 효과를 본 경험으로 사원 본인들의 선택에 의해 활동을 전개한 사례가 있었다. 현장에서 오래 근무한 기능직 고참 사원들은 기능의 차이는 특별하지 않은 반면 봉급은 근무기간에 의해 비교적 많이 받는 편에 속한다. 이들에게 지급하는 임금이 회사에 대한 기여도에 비해 턱없이 많다고 느낀 경영진은 그들에게 현재의 위치를 벗어나 현장의 일정 영역을 맡아 생산성을 올리는 책임을 주어 활동하게 했다. 물론 그 영역의 자원들을 이끌 권한도 준 것은 물론이다. 그래서 의도한 대로 성과를 유도하면 더 오래 근무할 수 있는 기회를 주는 반면 그렇지 못하면 언젠가 실시할 명예퇴직의 일순위가 된다는 것을 그들 자신도 알았다.

대부분의 혁신추진 감독자들은 이번 기회가 마지막이라는 각오로 뭐든지 다 가능한 세상이라는 전제하에 활동을 수행했고, 새롭게 익힌 지식과 리더십에 자기의 경험을 더해 라인을 이끌어가는 과정에서 과거보다 훨씬 수준이 높은 현장을 만드는 결과를 유도했다. 자기들 스스로도 그런 결과들을 낼 줄은 미처 몰랐을 것이다. 그들은 개선의 연구와 실천 그리고 체험을 통해 습득한 산지식을 후배 작업자들에게 부여해주는 것이 자기의 할 일이었다는 것을 깨닫게 되었다.

그러나 진행 중에 개인적인 사유로 활동의 진도가 부진한 책임자가 나타나자 회사는 곧바로 그를 원래의 평범한 작업자 신분으로 되돌아가게 했다. 즉 주어진 권한으로 맡은 조직을 이끌되 어떠한 사유가 됐던 현장의 변화를 이루지 못하면 모든 권한을 바로 상실하게 되는 방식으로 진행시켰다. 권한과 책임은 본인 스스로가 선택하는 것이지 누가 강제적으로 떠받쳐주거나 보장하는 것이 절대 아님을 알려주었다. 그 결과 스스로 닦아온 자리를 선뜻 포기하려는 사람은 없었고 거의 모든 감독자가 지속적으로 혁신을 이어가는 대열에 동참하는 사례를 지켜본 적이 있다. 그리고 모든 작업자들이 재직하는 동안 한 번쯤은 그와 같은 위치의 책임자가 되고 싶은 풍조가 생겨났다.

회사의 입장에서는 생산성의 향상으로 그들에게 오랜 기간 투자해온 가치를 회수할 수 있는 기회가 생겼고, 그들 자신은 자기의 재발견과 신분가치 상승이라는 실리 있는 명분을 얻게 돼 서로 윈윈 할 수 있는 좋은 기회가 되었다.

마음대로 가질 수 있는 권한과 책임

세상에는 반드시 이러한 권한과 책임의 결합관계로만 직원들의 행동과 실천의 동기부여가 이루어지는 것만은 아니다. 도요타에는 오래된 고참 과장이나 중간 리더(계장)급이 거의 없다. 즉 오랜 기간 동일한 직책을 보유하는 사람이 거의 드물다는 의미다. 보통 과장으로 진급한 지 3년 정도가 지나면 후배들에게 권한이나 업무 이양을 해준다. 그리고 상위 직급의 업무를 찾아 일을 한다. 직속 상사인 부장이나 실장들은 이를 반긴다. 명령 계통의 변화는 없는 대신 자신의 짐을 덜어줄 부하직원이 생긴 것이나 다름없기 때문이다.

조직 자체를 능력 있는 사람들로 채워가려면 간부인 자기 스스로를 모든 것의 중심으로 놓고 주어진 권력을 행사하는 것만이 자기의 역할이 아니라, 다른 사람들에게 많은 권한의 부여와 역할 분담을 하게 하는 것이 더 중요하다는 인식이 도요타의 간부들 사이에 공유되고 있는 개념이다. 이렇듯 도요타의 인재육성은 권한과 책임이라는 경직된 틀에서만 이루어지는 것이 아니라, 권한과 책임을 스스로 선택하는 대상으로 여겨 본인의 자유로운 권한의 이탈을 통해서도 인재가 양성되는 독특한 문화를 지니고 있다.

일례로 도요타의 5대 사장을 지낸 도요다 에이지는 기술과 생산을 맡은 1950년대 후반의 임원 시절에 신규로 개발한 승용차 크라운의 인기가 오르자 연간 5000대 규모의 신규공장元町 건설을 추진했다. 무려 매출의 20퍼센트에 해당하는 상당한 금액을 투자하는 행동을 감행했는데, 그런 결정은 물론 사장만이 할 수 있는 권한임에도 불구하고 오로지 책임만을 끌어안고서 권한을 위임받아 실행한 적이 있다.

하지만 우리 주위에는 권한과 책임의 관계인식이 부족한 리더들이 너무 많은 것 같다. 특히 실패했거나 부패한 조직의 특성을 살펴보면 그들의 책임소재가 분명치 않음을 알 수 있다. 모든 일은 부하 직원에게 일임하고 본인은 아무것도 안하면서 자신의 입장이 불리하지 않게만 돌아가게끔 눈치를 보는 무책임한 사람들이 너무 많다.

어찌 보면 많은 권한을 부하에게 위임한 것 같이 보이지만 잘 되면 자기 공이고 잘못되면 부하가 저지른 실책으로 돌리려는 술책인 경우가 많다. 그런 결과 부하직원은 권한은 없고 책임만 지는 대행자로 전락해 버린다. 권한은 책임을 지는 전제로 부여받는 특권이다. 그리고 권한은 능력 있는 사람에게 주어져야 올바른 무기로 사용될 수 있다. 나의 이익을 위해 다른 사람의 이익은 안중에도 없는 태도를 버려야 한다. 이기심에 찬 권한은 조직원들을 수많은 난관으로 몰아넣을 수 있다. 그래서 결국 힘들게 일하고 목적을 달성하지 못하는 조직으로 만든다. 조직은 많아도 모범으로 간주되는 조직이 별로 없는 이유가 여기에 있다.

도요타는 실천의 왕국이다. 실천은 말이 아니라 행동의 책임을 지려는 각오에서 나온다. 결국 권한 이전에 책임이란 것을 선택하지 않으면 실천도 없고, 실천이 없으면 기업의 진보는 없다는 것을 인식해야 하지 않을까. 우리도 도요타만큼 혹은 그 이상 노력하고 있다고 목청을 높여도 초일류에 다가가지 못한 현실에 무릎을 꿇는 이유는 조직을 이끄는 리더나 그들을 추종하는 팀원들이 갖는 권한과 책임의식의 오류에 있지 않나 다시 한 번 생각할 기회를 가져야 한다.

22
능력에 상응하는 대가 지불에 인색하지 마라

능력 발휘에 비례해서 대가를 받자

많은 기업들의 사원들을 살펴보면 사원들이 일에 대한 기여나 노력을 정당하게 평가받지 못한 채 차등 없는 임금을 받는 경우를 목격할 수 있다. 또한 본인이 더 나은 능력을 발휘해서 가치 있는 일을 할 수 있음에도 불구하고 그에게 주어진 일 자체가 단순한 업무일 수 있고, 차별화 된 능력을 실제로 발휘해도 조직이나 상사의 의식구조가 대가를 지불하기 위해 수행하는 평가 능력이 부족한 경우도 있다. 그 어느 경우에도 정당하게 능력을 인정받는 조직을 만나기란 힘들다. 특히 굴지의 대기업에서도 사원이 발휘하는 능력대로 평가되지 못하는 구조를 지닌 곳이 수없이 많다. 이런 현상의 지속은 결국 조직의 평균 능력 저하로 쇠퇴의 길을 걷게 한다.

세계 최대의 자동차 메이커인 도요타도 1980년대 말까지 전형적인 연공서열의 임금체계로 진행해왔었다. 하지만 경쟁이 날로 극심해지는 환경 속에서 조직의 활성도가 증가하지 않고 깊은 침체에 빠지자 더 이상 기존의 임금체계로는 지탱하기가 힘들다고 여겨 인사정책에 일대 변혁을 가져왔다.

환경의 변화로 생긴 위기감만으로는 게으른 사원들의 분발을 일으키고 잘하던 사원들이 자연스럽게 더 많은 노력을 할 것이라고 기대하는 일은 불가능하다고 보았다. 즉 환경의 변화가 개개인 인격의 변화까지는 가져올 수 없다는 결론을 내린 것이다. 정보를 다루는 관리직이나 현물을 다루는 현장사원 모두 개인이 발휘하는 능력에 비례하여 수입을 결정할 수 있도록 기본적인 임금체계의 골격을 수정했다. 그러나 단기적 업무수행 결과에 기준하여 무조건적인 성과급을 지급하는 미국식 사고는 반영하지 않았다.

도요타의 임금 결정제도는 매우 다양한 평가로 이루어져 있는데 특히 그 중에서도 사원들의 수입에 가장 영향을 주는 요소는 개인의 능력이다. 받을 보수의 기준이 되는 수행목표를 정할 때도 개인이 달성하고자 하는 일방적인 목표가 아니라 조직이 추구하는 방향의 경로 위에서 가능한 목표를 잡아야 한다. 그리고 그 목표를 달성하되 남들이 배울 수 있는 바람직한 수단을 개발해서 실천해야 의미가 있고 향후 조직에 기여할 수 있는 개인적 능력 갖추기를 동시에 이루어야만 능력을 인정받을 수 있다.

가령 조립공정에 있는 사람이라면 자신의 담당 업무 스피드를 20퍼센트 향상시켜 전체 생산성의 향상에 기여한다는 조직적 목표와 다기능 확보의 일환으로 현재 보유하지 못한 특정 기능 자격을 하나 추가한다는 개인적 목표를 동시에 세워야 한다. 이렇게 조직과 개인의 능력 향상을 동시에 추구하는 평가 방식을 적용한다.

그 내용 자체도 막연하게 표현하는 것이 아니라 상사와 본인이 1:1로 시간을 갖고 협의하는 방식이어서 비교적 상세하고 구체적이다. 따라서 상사는 결과에 대한 평가를 정확하게 할 수 있고, 평가받는 본인도 의문점 없이 평가를 받아들일 수 있다는 점에서 매우 합리적인 능력평가가 이루어지고 있다.

이와 같은 방법은 사원들로 하여금 평소에 우리의 사오정 퇴출과 같은 걱정거리를 만들지 않게 하는 것은 물론 그것을 영원히 피해갈 수 있는 방법을 상사와 팀원이 항상 같이 강구해가는 것이다. 그리고 정확한 평가를 통해 동료들 사이에 생기는 상대적 우열을 서로 인정하는 분위기여서 공개적인 경쟁을 유도하기도 한다. 결국 이러한 경쟁은 사원들에게 잠재해 있는 재능들을 키워내는 거름 역할을 한다. 노력을 하지 않으면서도 감나무 밑에 앉아 홍시가 떨어지기를 바라는 마음을 먹을 수 있는 환경은 결코 기대할 수 없다. 노력이 적으면 소득도 적다는 진리를 보여준다.

개인이 아니고 거대한 조직으로 대변되는 노조 역시 자신들의 임금 협상 방식을 정확하게 회사와 공유하고 있다. 도요타에서 노조와 합의하는 임금협상은 크게 두 가지로 구분한다. 하나는 당해 연도 생산 능력을 전년도의 것과 비교한 생산성을 기준으로 평가하는 기본급 조정이 있고, 다른 하나는 당해 연도에 올린 원가저감의 실적으로 판단하는 성과급 결정이다.

도요타가 2000년대 초에 몇 년간 기본급이 오르지 않은 것은 1인당 생산성 면에서 그다지 향상하지 않았기 때문에 사측의 인상 거부를 노조가 받아들인 것뿐이다. 대부분의 이익 향상은 신개발 차종의 수익이나 큰 폭의 원가저감 노력이 대부분이어서 모든 사원들이 많은 성과급을 받았다. 그러나 실적이 좋았다고 특정 경영층의 일부에게 평사원의 수백 배에 달하는 성과급을 지불하는 행위 따위는 하지 않았다. 자동차라는 평범한 제품을 생산하는 기업에서 있을 수 있는 인간들의 능력 차이를 잘 가늠하는 처사라 볼 수 있다.

하지만 우리 주위로 시선을 돌려보면 너무나 비교가 잘 된다. 성과가 나오지 않아도 돈을 주지 않으면 일을 하지 않겠다고 억지를 부리는 조직이 존재하고 또 그것을 받아들이는 기업이 존재하는 한 능력과 관계없는 임금 시스템이 만연한 질서 없는 사회가 되어 초일류의 탄생은 기대하기 힘들다.

인재들의 능력을 올바로 키우기

언젠가 기업 간부가 부하직원들의 능력평가를 기존의 불완전한 내부 규칙으로 하지 않고 특별히 개인적으로 할 수 있는 방법이 없겠느냐고 물어본 적이 있다. 그때 제시해 준 해결책은 이렇다.

어느 기능의 부서든 간에 두 달 정도의 미래 기간에 무엇을 해야만 하는가는 다 알고 있다고 가정한다. 그 안에서 각자 담당할 일 가운데 조금 고민을 해서 처리해야만 할 일도 있을 것이다. 따라서 상사가 각 사원들에게 두 달 간 할 일 중에 미리 행동 시나리오를 세우고 실행해야 효과적인 결과를 낼 수 있는 일들에 대해, 시간이 되는대로 상세 행동계획을 제출해 미리 상사의 점검을 받아보라는 지시를 내리게 했다.

그 후 각 사안에 대해 나름대로 좋은 결과를 내기 위한 행동계획을 제출할 때 그 시나리오의 철저함과 효율적인 방법구상의 정도에 따라 개인평가를 하면 된다고 일러주었다. 특히 수행계획 포인트로 행동순서와 항목 그리고 시점과 예상되는 문제점에 대한 유의사항 등, 일이 뜻대로 안 될 때를 대비한 의견까지 준비하는 노력의 평가를 잊지 않도록 했다. 또 그런 사원들 중에 상사의 조언이 별로 필요하지 않을 정도의 완벽한 일처리 계획을 세우는 사람을 후임자로 내정해 놓으면 무리가 없는 인사관리라고 했다.

반면에 특별히 작성할 시나리오가 없는 사람은 두 부류로 나뉜다. 첫째, 단순한 일만 하기 때문에 작성할 것이 없는 사원들이다. 둘째, 너무 자신을 과신한 나머지 계획적이지 않고 늘 즉흥적으로 대응하는 무대책의 사원인 경우가 있다. 일의 가치에 비해 임금이 많다고 보이거나 항상 일의 결과가 기대 이하로 끝나는 그런 인력들은 배제의 대상으로 삼으면 된다고 알려주었다.

인간들에게 운명적으로 주어졌다고 보는 절반의 기본 능력만 사용하는 사람과 자신에게 위탁된 나머지 절반의 능력을 지속적으로 계발하여 변화해가는 사람이 구분되는 순간이다. 그런 평가환경을 지속적으로 제공하면 그 상사가 속한 부문은 거의 업무적 오류를 범하지 않는 것은 물론이고 기대 이상의 실력을 발휘할 것이라고 확신을 주었다. 조직 관리를 겸한 발상이었던 것이다.

인재라 함은 미래의 불확실성에 대비하여 자신을 변화시킬 줄 아는 사람을 말한다. 앞으로 다가올 일에 대해 현재 무엇을 할 것인가를 고민하고, 실천하지 않으면 경쟁력이 뒤처질 거라는 인식으로 무장한 인재를 조직은 필요로 한다. 현실에 대한 인식이 우선이지만 미래에 대한 문제의식도 중요하기 때문이다.

위의 방법은 그런 인재를 발견하는 방법도 되지만 인재를 키우는 방법도 된다. 그리고 불필요한 자원을 발견하여 배제하는 방법도 된다. 자기의 능력발휘 분야에서 누군가로 대체될 수 없는 존재가 되도록 노력하는 인재에게 합당한 대가의 지불이 이루어지는 환경을 만들어야 한다. 그래야 우리의 젊은이들이 사회의 불공정을 논하지 않고 오로지 건전한 정신으로 능력 키우기에만 전념할 수 있지 않겠는가.

23
혁신이 왜 실패하는지 고민하라

시간이 아니라 개선할 의지가 없다

경영자나 최고책임자들은 멋진 조직을 한 번 만들어보려고 하지만 절실하지 않은 자들이 조직의 대부분을 차지하기에 그런 꿈은 이루기가 힘들다. 조직이 추구하는 혁신개념이나 활기찬 구호는 앞장서서 외치면서도 정작 행동은 구태의연한 자세로 일관하는 사람들이 의외로 많다. 이렇게 천국에는 가고 싶지만 죽고 싶은 사람은 없듯이 초일류가 되고 싶지만 노력하기는 싫어하는 현상이 일반적이다. 사람들의 입은 굴복시킬 수 있지만 마음은 굴복시키기 힘들다는 증거를 보는 듯하다.

혁신이 이루어지지 않는 풍토에는 리더들의 그릇된 태도도 한몫을 한다. 혁신의 개념들은 이해하고 있지만 구체적 방안은 갖고 있지 못할 경우가 많고, 실질적인 개혁에는 동참하기 싫다는 감정을 숨긴 채 세월만 가기를 바라는 리더들도 더러 있다. 혁신이라는 변신을 시작해서 추진하는 과정에서 고민하기보다는 그 일을 할까 말까에 더 고민하는 교활함을 보여준다. 그래서 참여해도 손해 볼 것이 없으면 참여하고 그렇지 않으면 참여할 수 없는 이유가 될 온갖 변명거리를 찾아 헤맨다. 특히 시간이 없다는 핑계가 지배적이지만 그런 사람은 시간이 있어도 혁신을 못할 사람이다.

　도요타의 혁신이 시간적 여유와는 전혀 관계가 없다는 것을 이해하고 있는 사람은 드물다. 기업 지도를 할 때 많은 사원들에게 혁신에 동참할 것을 유도할 때마다 시간이 없어서 불가능하다는 대답을 늘 듣는다. 그때마다 도요타에서 정의하는 '일'의 개념은 '작업＋개선'이라는 혁신 원칙을 들려준다. 하지만 그들은 가령 현장 작업자라면 일일 목표생산량을 달성하기 위해 반복성 작업을 하루 종일 하면서 어떻게 개선을 실행할 수 있느냐고 따지듯이 묻는다. 자기들에게도 개선할 시간을 따로 준다면 할 수 있을 거라고 답변한다.

　도요타에서 일 자체를 작업과 개선의 합체라고 정의하는데 여기엔 시간의 개념이 들어있지 않다. 현장 작업자는 말 그대로 하루 종일 주어진 작업 패턴으로 반복적인 일만 한다. 하지만 그들은 현재의 방식에서는 무엇이 문제인지를 생각하면서 작업한다는 점이 우리와 다르다. 임시 기간기능직 작업자들만이 숙련되지 않은 상태에서 온 신경을 작업에 쏟아야 하기 때문에 정신적 여유가 나질 않을 뿐이지, 숙련된 작업자들은 모든 작업마다 몰두하지 않아도 작업이 가능하다. 이렇게 생긴 정신적 여유를 현재의 작업 조건이나 작업 속에 내포된 낭비요인을 찾는 데 부분적으로 사용한다는 의미다.

　낭비부분을 작업 진행 중에 발견했다면 그것을 머리에 새겨두었다가 하루의 작업을 종료한 후 인쇄된 작은 빈 쪽지에 간단하게 현상과 개선 아이디어를 적어 개선시트 보관소에 넣고 퇴근하면 된다. 불과 5분 정도의 시간이 소요될 뿐이다. 이렇게 작업자가 퇴근하면서 넣은 개선안을 현장 감독자가 모은다. 그 날 나온 개선안들을 전부 훑어본 후 타 부서(가령 설계변경 요구사항)에 건네줄 항목은 따로 분류하고, 자기가 도와줄 대상의 안을 집어 바로 해결해줄 수 있는 사항이라면 잔재殘材 보관창고로 가 필요한 도구를 직접 제작한 후 요구 작업자의 현장에 설치한다. 도요타의 감독자들은 보통 10가지 이상의 기능자격증을 보유하기 때문에 웬만한 보조용 도구들은 직접 제작이 가능하다.

다음날 아침에 출근한 해당 작업자는 변화된 작업장을 살펴보고 작업 시작 전에 자기가 원하는 조건이 이루어졌는가를 감독자의 참여 하에서 확인한다. 희망대로 됐다면 엄지손가락을 추켜세워 서로 웃는 얼굴로 화답한 후 바로 작업에 돌입한다. 그 후 감독자는 작업자가 제출했던 개선안을 제안위원회에 올림으로써 마무리된다. 이것을 외부에서는 '개선의 즉실천 활동'이라 부른다.

작업자가 스스로 가능하리라 확신을 갖고 낸 아이디어가 다음날 실체로 돌아올 때 얼마나 뿌듯한 마음이겠는가. 불가능을 생각하지 않는 그들의 사고가 당연하다고 본다. 이런 이유로 도요타의 개선안은 거의 실천 이후에 평가위원회에 제출되는 모습을 보이고 또 개선안 대부분이 적용된다.

결국 작업자가 일부러 할애한 시간은 거의 없다고 봐야 한다. 단지 현재의 작업 방식에 대한 문제의식이나 관심만 가지면 된다. 그런 작은 개선안들이 모여 큰 힘을 발휘하면 그것이 곧 혁신이다. 우리는 이렇게 쉽게 실천할 수 있는 혁신의 실천을 이해하지 못하고 시간핑계만을 대며 결국 접근조차도 못하는 결과를 초래한다. 시간이 없어서 못하는 것이 아니라 개선의 고민을 하기 싫어서 안 하는 것이라 할 수 있다.

물론 도요타의 작업자 전부가 매일 퇴근하면서 개선사항 메모를 기록한다는 것은 아니다. 한 사람당 1년에 10건 전후에 불과하기 때문에 한 달에 하나의 개선안을 발견하면 족할 정도다. 하지만 제출된 개선안은 억지로 제출하는 것이 아니라 모두 의미가 담긴 자발적인 개선안이기 때문에 7만 명이 되는 사원 전체의 개선안을 모으면 연간 약 70만 건에 이르는 효율화 방안이 나오는 셈이다. 그 70만 건의 아이디어는 회사를 새롭게 변모시킬 정도의 규모가 된다. 따라서 도요타가 매년 진화한다는 말은 여기에서 나온 것이다.

절심함이 없는 곳에 혁신은 불가능

도요타 현장 직원들은 선배들한테서 멀리 도망치는 소의 젖을 짜려들지 말고 가까이 있는 소의 젖을 쉽게 짜라는 아주 접근하기 쉬운 목표의식을 배운다. 도요타와 같이 말단의 직원이라도 보다 나은 방법을 찾아내야 한다는 목표의식 아래 본인의 일에 항상 문제가 있다고 보는 가치관을 보유해서 과감히 아이디어를 내고, 직속 상사와의 자율적인 해결을 통해 계속 개선하려는 의욕을 살리는 문화가 우리에게 없다는 것이 아쉽다.

혁신의 길에는 뚜렷한 목표의식, 자율성의 확보, 개선 능력이라는 세 가지가 대표적으로 요구된다. 아무리 좋은 환경이라 하더라도 이 세 가지 기본요소가 취약하면 혁신 추진자들의 역량 발휘가 어렵다. 목표의 식을 가로막는 가장 강한 적은 고정관념과 두려움이다. 현 상태를 굳이 바꾸고 싶지 않은 심리가 고정관념이고, 설령 목표를 잡고 있더라도 실패할까봐 자신 있는 활동을 추진하지 못하는 심리가 두려움이다.

그런 심리에서는 아무리 자율성을 주어도 스스로 위축된 행동을 함으로써 기회를 잃어버리고 만다. 겁이 많은 것도 문제지만 현재에 안주하는 습성과 결과에 대한 책임회피 성향이 더 큰 문제다. 현상긍정에만 급급해서 이미 정해진 과거의 것에 매달려 일체의 변화를 두려워하는 관료주의가 공공조직은 물론 심지어 대기업까지 퍼져 있어 심각하게 혁신 장애를 일으키고 있다.

혁신은 사원들의 변화로 이끌어가는 것인데 그 변화가 일어나지 않는 이유는 현재로도 큰 문제가 없기 때문에 변화해야 한다는 절실함이 없기 때문이다. 그리고 변화의 방향성을 제시할 수 있는 조직적인 사고의 틀, 즉 조직의 패러다임도 없다는 것이 또 하나의 약점이 될 수 있다. 거기다 예측하는 결과나 성과가 과연 희망대로 나올지 의심이 들면서 변화의지를 꺾는다.

변화를 이루지 못하는 또 다른 이유를 평생직장의 풍토가 사라졌다는 데서 찾을 수도 있다. 내일 당장 관두고 싶은 사람들이 변화를 보이기란 불가능하기 때문이다. 언제 직장이 바뀔지 모를 상황에서 자신의 능력을 꾸준하게 펼칠 사람은 드물고, 계약직 사원들이 50퍼센트에 육박하는 조직들도 많아 점점 직원들에 의존해 혁신을 이루기 힘든 상황이 되어가고 있다. 그러다보니 직원에 대한 인재교육도 소홀해져서 직원들이 점점 완고하고 어리석어지는 현상도 보인다. 그리고 책임이 무거운 감독자가 되기보다는 그냥 팀원으로 남아 고생하지 않고 적당히 급료만 챙기면 된다는 사고가 만연해 있는 점도 발목을 잡는다. 개혁 자체도 강요할 수 있는 조건에서만 성공할 수 있는 것이지 이렇게 단결할 수 없는 조건에서 변화를 일으키려 하면 오히려 혼란만 초래하기 쉽다.

그렇다고 내일에 대한 준비를 소홀히 하면 오늘의 경영이 쇠퇴해지기 마련이라서 어떻게 하든 변화와 혁신은 일으켜야 한다. 우선 이루어야 할 목표점을 확실하게 그려야 한다. 과녁이 크고 확실하면 화살들이 빨리 날아와 박히듯이 비교적 분명하게 다가갈 수 있는 목표를 제시하면서 출발해야 한다. 또한 그 목표는 현재의 문제를 해결하는 차원의 전통적 추진방향이 아니고 현재의 모습과 전혀 다른 형태로 정해야 한다.

그리고 도요타가 수단 개발의 철저함에 승부를 걸듯이 과제를 해결하기 위해 과거의 경험은 길잡이가 될 뿐 따라갈 길은 아니라고 생각하며 늘 새로운 수단의 연구에 모든 노력을 기울여야 한다. 마지막으로 먼지를 위에서 아래로 털어 내듯이 피라미드 형태의 조직구조에서는 변화의 행동도 위에서부터 실행해서 하층을 형성하는 다수의 사원들의 동참을 얻어내야만 한다.

24
항상 알 수 있고 볼 수 있게 하라

가장 효과적인 자원 활용기술

도요타가 초일류의 품질과 스피드 그리고 생산성을 구가하는 데는 남다른 이유가 있다. 이미 백 년 전에 도요타그룹의 창시자인 도요다 사키치는 직조기의 종축 실이 끊어지는 것을 작업자가 아닌 기계 자체가 발견하고 알려주는 원리(자동화自働化)로 승부를 걸었다. 그런 정신이 도요타자동차를 창업한 아들 기이치로에게 전승되어 자동차를 생산하는 과정에서도 부품가공 공정이나 조립공정 할 것 없이 사람이 비정상 상태를 찾아내는 수고를 하게 하는 것이 아니라, 단지 이상 현상만을 조치하는 역할만 수행하게끔 제조철학을 송두리째 바꿔 놓았다. 이런 체계를 일컬어 '눈으로 보는 관리' 혹은 '가시可視경영'이라 이르고 세계적으로도 VM Visual Management이란 단어로 널리 알려져 있다.

하지만 많은 국내 경영자들은 이러한 관리 시스템을 오해한 나머지,

회의실 벽에 잔뜩 관리 그래프를 그려 놓는 것이 눈으로 보는 관리라고 착각하고 있다. 과거의 불량실적을 월별로 표시한 그래프를 걸어두거나 제품별 이익률 혹은 1인당 생산성을 표시한 그림을 걸어두도록 명령하고 관리자들에게 늘 쳐다보고 할 일을 생각하라는 조언을 한다. 그러나 그런 행위는 눈으로 보는 관리가 아니라 게시판에 게시물을 걸어두는 해프닝에 불과하다. 그런 과거의 죽은 데이터를 보고 어느 관리자도 동요하지 않거니와 행동의 전환도 일어나지 않는다. 경영자들부터 도요타의 철학을 올바로 인식할 필요가 있는 것이다.

가시경영이란 일이 진행되는 모든 현장에서 진행과정을 관리하기 쉬운 단위로 구분한 다음 그 단계에서의 현 실태를 눈으로 바로 알 수 있게끔 만드는 일이다. 즉 현재의 상황에서 작업자나 관리자에게 정상이 아닌 상태를 실시간으로 알려주어 그들로 하여금 바로 대응하는 행동을 일으키도록 하는 경고체계인 것이다. 현재의 상황에서 나는 어떻게 행동해야 할 것인가 하는 순간적인 자극을 주는 역할이 있어야만 눈으로 보는 관리라 할 수 있다.

예를 들면 작업자가 기계에 재료를 넣고 가공시작 버튼을 누른 후에 다른 기계를 작동하기 위해 그 자리를 떠나 있는 동안, 해당 기계가 불량의 조건을 감지하는 즉시 갑자기 멈추면서 빛을 발하면 멀리서 작업하던 작업자일지라도 바로 알아채 그 기계로 돌진하는 행동을 한다. 즉 현재의 시점에서 자신은 어떤 행동을 일으켜야 하는가 하는 순간의 의사결정을 하도록 자극을 준다. 이와 같이 실시간으로 행동의 변화를 유발하는 기능이 벽에 그려놓은 월간 불량그래프에는 존재하지 않는다. 눈으로 보는 관리는 정적靜的(Static)인 상태로 유지되지 않고 반드시 동적

動的(Dynamic)인 상태로 항상 변화무쌍하게 움직인다.

도요타는 이러한 관리로 이상異常관리를 해결하며 동시에 감시하는 낭비를 모두 없애 인력의 경제화도 이뤄 일석이조의 효과를 거두고 있다. 작업자들의 많은 시간을 불량 감소라든지 아니면 시간 단축이라는 개인경쟁이나 라인경쟁에 돌입하게끔 만들어 생산성을 끌어올리게 한다. 심지어 도요타의 전산실조차 조립현장의 경광등(안돈)을 모방해 컴퓨터의 트러블을 램프로 연결해 바로 알 수 있게끔 관리보드를 만들어 활용할 정도다. 실현이 되지는 않았지만 해외에 있는 디자인 부분에서 고안한 모델을 컴퓨터를 통해 본사의 디자인 팀과 실시간으로 연결시켜 이미지를 공중으로 쏜 홀로그램Holography으로 신차의 디자인을 검토하는 안까지 생각했을 정도다. 우리가 생각하는 평범한 눈으로 보는 관리의 차원을 넘어선다.

눈으로 보는 관리는 지혜로 승부

동일한 관리대상인데도 불구하고 도요타는 눈으로 보는 관리를 시행하는 반면 우리는 느낌조차 없는 경우도 많다. 예를 들어 작업자 앞에 게시된 표준작업서에는 작성일자가 있게 마련이다. 도요타는 그 작성일자가 두 달이 경과했으면 개선을 게을리 한다는 의미로 개정에 들어간다. 하지만 우리의 실정은 날짜는커녕 표준서조차 걸려 있지 않는 경우가 허다하다. 이왕에 보기 위한 표준을 만들었으면 그 내용 중에 있는 시점에 포인트를 두어 개선의 동기로 삼는 도요타의 관리방식은 어느 누구도 흉내낼 수 없을 정도다.

우리에게 너무 잘 알려진 도요타의 간판시스템은 단순히 눈으로 보는 관리의 일종에 불과하다. 부품조달 시스템을 해결해주는 만능도구가 아니라 일반적인 정보전달 방식으로 조달관리를 할 경우에 생길 오류의 틈을 간판이 메워주는 것뿐이다. 간판이 없는 기업도 조달이 이루어진다. 하지만 현품의 수량 차이, 도착 시점의 오류, 도착 장소의 오류, 적격품의 오류 등이 발생할 여지는 언제든지 있기 때문에 일말의 오차도 없게끔 하기 위해 간판의 회전이라는 보조 도구를 사용하는 것이다.

간판을 단지 도요타가 추구하는 눈으로 보는 관리도구의 하나라고 생각하면 우리가 그 시스템을 도입하는 데 아무런 어려움이 없었을 것이다. 하지만 마치 조달의 모든 것을 해결해주는 커다란 의미로 잘못 알면 도입 상에서 오류를 범하는 것은 물론, 본래 의미로서 눈으로 보는 관리 용도로 조차 활용하지 못하는 결과를 낳는다.

도요타가 추구하는 눈으로 보는 관리는 시간의 흐름 속에 발생하는 변화를 사원들로 하여금 올바로 인식하게 해주고, 감지된 변화를 사원들 스스로가 받아들여 무엇을 어떻게 할 것인가 하는 반사적 행동들을 실천하는 차원까지 이끌어 내도록 하기 위해 추진한다. 순간 이상에 대한 올바른 포착이 우선되지 않으면 대응을 위한 행동도 일어나지 않는다는 원칙을 잘 이해하고 있는 기업임을 알 수 있다. 게다가 변화현상을 올바로 수용하는 방법과 효과적인 대응절차의 설계를 경쟁력의 키워드로 승격시켜 계속 진화시키고 있다.

유난히 눈으로 보는 관리가 낙후된 곳이 있다. 관리직이 일하는 사무실이 바로 그곳이다. 현장은 일의 대상과 진척도가 제품 형태로 눈에 보이기 때문에 눈으로 보는 관리가 쉽게 적용되는 반면 사무실은 업무 대상이 거의 정보로 이루어져 일 자체가 사람에 예속되어 있기 때문에 정상이 아닌 상태를 눈으로 발견하기 어렵다. 그 관리자의 현재 업무방식이 표면화되지 않고 머릿속에 자리 잡고 있어서 암묵지暗默知 형태가 많을 수밖에 없다. 하지만 지속적으로 업무방식의 표준화를 상세한 단계까지 추진하여 정보공유를 해결하려 하고 사무실에서 할 수 있는 변화의 순간을 알리는 수단을 강구하고 있다.

관리 기능에서 추구할 수 있는 눈으로 보는 관리를 예로 들어보자. 전 부서와 관계된 경리기능의 경우 지불처리 등의 민감한 사안은 하루 중에 처리할 순서를 사전에 결정하고 종일 모니터에 그 처리 결과를 판독할 수 있도록 표시해준다면 일선 사원들이 처리 여부에 신경 쓰지 않고 자기 업무에 충실할 수 있을 것이다. 또 현장이 민감하게 다루는 필요 물품에 대해서는 입고가 완전히 처리되는 시점에 현물입수 정보를 줄 것이 아니라, 정문을 통과한 순간을 포착해 스크린으로 현장에 알려주면 현장으로 하여금 분초를 다투는 준비에 많은 도움을 줄 수도 있다.

도요타가 관리자들의 암묵지를 가능한 많이 그리고 빨리 누구나 알수 있는 형식지形式知로 바꾸려는 의도는, 일상적인 관리방법의 암묵지로 가득 찬 뇌는 더 이상 개선이나 새로운 발상이 비집고 들어가기 힘들다고 판단했기 때문이다. 그래서 신속히 묵은 암묵지를 끌어내어 새로운 뇌의 공간을 마련해 많은 개선 아이디어를 유도하는 것이다. 눈으로 보는 관리는 도요타가 아니더라도 우리가 얼마든지 지혜를 내서 개발하고 응용할 수 있는 분야다. 단지 이상의 발견과 행동의 즉각 대응이라는 광경을 만들 수 있어야 된다는 전제를 잊지 말아야 한다.

25
"왜?"를 다섯 번 외치면 경영자도 움직인다

5 WHY 추구 행동은 혁신의 DNA

창조적인 새로운 일보다 반복적인 업무에 의해 유지되는 많은 조직에서는 애초에 완벽하게 준비하고 빈틈없이 실행하여 잘못을 저지르지 않는 것도 중요하지만, 이미 벌어진 잘못을 빨리 고칠 줄 아는 것이 더 현명할지 모른다. 특히 이미 부가가치가 완성된 물건을 다루는 모든 경제 활동(예로서 유통서비스 업종)에서는 오류를 재빨리 반성하는 습관의 유무가 경쟁력을 좌우한다.

사전에 결함을 없애는 준비 능력과 동일한 실패를 반복하지 않으려는 반성 능력 모두 냉정하고 침착한 태도를 요구하기는 마찬가지다. 따라서 실패의 축소라는 목표는 준비와 반성이라는 두 가지 방향성의 행동을 성실히 수행할 때 이루어진다. 그 중에서도 특히 반성이라는 행동은 마치 개구리가 있는 곳은 반드시 물이 있다는 확신을 갖는 것처럼 세상에 우연이란 있을 수 없고 반드시 필연에 의해 발생된 것으로 간주해야 가능하다.

　오랜 기간의 도요타 연구를 통해서 그들의 행동 축은 크게 세 가지로 형성되어 있음을 발견할 수 있었다. 도요타에서 가장 강하게 나타나는 그들의 행동철학은 철저한 낭비제거다. 그 낭비 '0' 철학을 중심에 두고 발생된 낭비를 제거하기보다는 발생하지 않도록 사전에 할 수 있는 활동이 무엇인가 고민한 끝에 추진한 것이 5S(1부 3장에서 서술)라는 활동이다. 즉 일을 진행할 때 단정함을 추구하면 낭비가 발생하지 않는다는 행동철학이다. 그리고 비록 5S 활동을 철저히 수행했다 하더라도 낭비가 사후에 발견되면 두 번 다시 발생하지 않도록 철저하게 반성할 필요를 느꼈다. 그래서 도입한 철학이 다섯 번의 '왜'를 거듭 물어 근본적 원인을 파악해 제거활동을 하도록 한 것이다. 따라서 도요타에는 두 번의 동일한 실패는 용서하지 않는다는 불문율이 있다. 이 관계 개념은 [그림

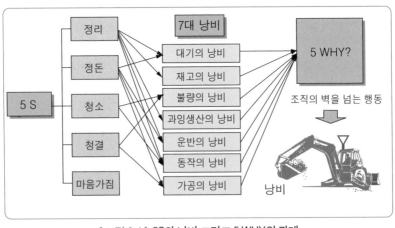

[그림 2-1] 5S와 낭비 그리고 5 WHY의 관계

2-1]과 같다.

　5WHY 추구법은 한때 도요타를 지도했던 개선 전문 컨설턴트인 신고
우 시게오新鄕重夫가 개인적인 지도습관을 그들에게 정착시켜 그대로 도
요타의 행동철학으로 굳어지게 한 것이다. 이 방법은 그리 쉽지가 않다.
냉철한 관찰력과 정리된 사고로 임해야 접근이 가능하다. 많은 기업에서
쉽다고 생각하고 실시해보지만 원래의 의미와는 거리가 멀게 적용하고
있을 뿐이며 논리력이 부족한 사람은 아예 적용도 하지 않는다. 그래서
주위에서 이 5WHY법을 성실히 수행하는 조직은 별로 본 적이 없다.

'다섯 번의 왜'로 현장경영을 완성

　하나의 예를 들어 정확히 터득해보기로 한다. 가령 구매 담당자에게
당신의 업무 중에 하지 않아도 될 일을 부단히 하는 낭비를 하나만 들어
들라고 했을 때, 요청 부서에서 올라온 물품청구 정보를 그대로 시행하
지 않고 반드시 한 번 더 확인하는 부가적 낭비행동을 거론하였다고 가
정하자. 이 상황에서의 낭비 현상은 '물품청구 정보 불신에 따른 추가
확인시간의 낭비'라고 정의할 수 있다. 분명히 청구자가 오류 없이 신청
했다면 하지 않아도 될 일이다. 하지만 가끔 청구정보 상에 오류가 있어
사후에 구매 담당자 자신이 더 큰 낭패를 볼 수 있다는 염려 때문에 평소
에 시간을 들여 재차 확인한다는 것을 알 수 있다.

　다음에는 원인을 찾아내는 방법으로 담당자가 '왜Why'로 질문해보
는 절차와 원인을 발견해 정의하는 순서를 나열하면 다음과 같다.

Why 1　：　왜 시간을 따로 투입해서 확인하는가?

　원인 1 : 청구서를 불신하기 때문에

Why 2　：　왜 불신하는가?

　원인 2 : 특정 공정의 물품 비용이 과다하게 계산되는 오류가 있어서

Why 3　：　왜 과비용 계산이 나오는가?

　원인 3 : 신청자가 공정코드 정보 입력에 오류를 범해서

Why 4　：　왜 오류를 범하는가?

　원인 4 : 물품 사용의 공정코드 할당방식과 정보를 잘 몰라서

Why 5　：　왜 정보를 잘 모르는가?

　원인 5 : 공정마다 공용물품과 전용물품의 구분할당 분류체계가 없어서

이와 같은 근본 원인이 도출된다. 즉 이 담당자의 정보확인 낭비행위는 결국 최종 원인의 반대 방향으로 개선안을 잡아 회사가 단순히 물품할당체계의 보완을 추가로 시행하면 완전히 치료가 가능함을 알 수 있다.

위의 경우는 관리 분야의 예를 든 것이고 현장의 경우를 한 번 더 들기로 한다. 품질관리 부서에서 현장의 작업자가 표준작업과는 다른 행동 패턴을 목격하고 일부러 시간을 투입해 주기적으로 현장의 표준 준수에 대한 확인행위를 하는 낭비를 예로 들어보자.

이때의 낭비는 '현장 작업자 수행방법의 재확인을 위한 시간투입 낭비'로 정의하고 원인 추구를 하게 된다.

Why 1 : 왜 품질부서에서 작업자의 행동을 점검하고 있는가?

원인 1 : 제시한 표준대로 작업하지 않는 경우를 목격해서

Why 2 : 왜 표준대로 작업을 하지 않고 있는가?

원인 2 : 표준서대로 하면 불편하니까

Why 3 : 왜 표준대로 하면 작업자가 불편할까?

원인 3 : 표준에는 현장의 장애물을 고려해주지 않아서

Why 4 : 왜 장애물이 고려되지 않고 표준을 설정했을까?

원인 4 : 설계자가 변경되기 이전의 현장상태만 고려해서 정했기 때문에

Why 5 : 왜 최신의 정보를 고려하지 못했을까?

원인 5 : 설계자가 현장에서 직접 실증작업을 하지 않고 추측으로 마무리해서

이상과 같은 최종 원인이 나온다.

결국 다섯 번의 질문으로 생산기술 담당자의 안이한 표준설정 습관이 근본적인 원인으로 등장한다. 따라서 최종원인의 반대 방향으로 개선안을 잡는다면 생산기술자가 표준작업을 정할 때는 반드시 현장에서 본인이 직접 리허설을 실시한 동작으로 설정해야 한다는 원칙이 나온다. 이렇게 철저히 원인을 찾아내면 근본적인 오류방지의 관리방식과 원칙들이 세워져 다시는 동일한 실패가 발생하지 않도록 개선할 수 있다.

이러한 다섯 번의 '왜'라는 끈질긴 원인 추구로 도요타는 모든 오류의 원인을 발굴하는데 마치 검찰 수사관을 방불케 할 정도로 집요한 추적 능력이 있어야 한다. 이 과정에서 국내 대부분의 사원들은 자기 영역

내에서의 원인까지만 추구하고 다른 부서나 상사에게 원인이 귀착되면 바로 중단하는 습관이 있다. 어차피 원인을 추적해도 본인들이 치료할 수 있는 권한도 없고 괜히 긁어 부스럼 만들어 피곤하게 할 뿐이라는 생각으로 더 이상의 근본원인을 파고들지 않는다. 이러한 비겁함이 결국 실패를 반복하게 하는 원인을 제공한다.

조직의 일은 대부분 자기 영역 내에서 원인 치료가 되는 경우가 드물다. 부서의 벽을 넘고 지위를 초월하는 원인 발굴이 있어야 발본적인 치료가 가능하다. 도요타는 그 원인의 유발이 어느 부서가 됐든 누가 됐든 상관없이 끝까지 추구해서 원인 치료를 하는 습관으로, 결국 부서를 횡단하는 정보교류와 상하를 가리지 않는 정보전달이 이루어져 활동상의 모든 정보가 공유된다. 이런 풍토가 조성되려면 우리 조직 문화에서 상하 간 교정을 요구하는 의견 개진을 기피하는 습관과 부서 간 방어의 벽이 허물어지도록 하는 리더들의 협조가 절실히 요구된다.

도요타의 경영진은 자신의 의사결정 오류로 발생한 낭비가 있을 때는 주저 없이 반성하고 원인을 치료한 결과가 잘 수행되는지 확인하기 위해 현장을 자주 방문하는 행동 자체가 현장경영 실천에 일조하고 있음을 잘 알고 있다.

26
개선의 가치

좋은 일은 거듭할 가치가 있다

그리스 속담에 좋은 일은 거듭할 가치가 있다는 말이 있다. 과연 좋은
일이란 무엇인가. 인간에게 있어서 가장 좋은 일은 현재보다 내일이 나
아진다는 희망과 그런 감정으로 매일 새로워지려는 노력에 보람을 느끼
는 것이 아닐까 한다. 하지만 거의 모든 사람들은 나아지려는 노력보다
현재를 고수하고 유지하려는 생각이 우선하는 경향을 갖고 있다. 더구
나 더 이상 현실에 머무를 수 없다고 결심하는 순간 현재의 굴레에서 벗
어날 수 있음에도 불구하고 그런 결단을 내리지 못하는 이유는 기존의
질서에 익숙한 생활이 편해서다. 따라서 현실의 예속과 극복의 차이는
정신 상태에 달려 있다.

도요타에서 개선이란 단어가 일상화되기 시작한 시기는 1950년도 도
산 위기를 겪고 나서다. 시대의 변화 예측을 못하고 현실에 안주한 경영

탓으로 괴멸 위기까지 갔던 도요타는 다시는 도탄에 빠지지 않기 위해 오늘보다 나은 내일의 창조 작업에 들어갔다. 하지만 자본력이 부족한 상황에서 기댈 것은 오로지 종업원의 자구적 노력 뿐이었다.

그래서 작업자들에게 과거에 경험했던 위기감에 연결시켜 개선의 의미를 부여해주었는데, 새로운 개선책을 쓰지 않으면 반드시 새로운 폐단이 닥쳐 과거를 다시 경험할 것이라고 주의를 주면서 단순히 현재의 방식을 무시하고 새롭게 생각해보라는 지침만을 주었다. 그 얘기는 목적달성의 수단으로 두 가지를 동시에 쓸 수 없기 때문에 새로운 수단을 강구하면 이전의 열등한 수단은 저절로 버릴 수밖에 없다는 단순한 철학을 직접 실천하자는 말과 같았다.

작은 개선 활동은 어디에서나 통용되는 혁신의 기초 활동이다. 따라서 혁신하고 싶은 조직은 큰 결과에 욕심내지 말고 작은 개선의 티끌을 모으는 습관부터 길러야 한다. 작은 행동변화의 결과로 얻어진 개개인의 작은 효과는 언뜻 보면 하찮게 보이지만 조직의 입장에서는 큰 결과로 이어질 수 있는 것이다.

비록 일부분일지라도 크게 개혁하면 될 것 아니냐는 생각보다는 작게라도 전체를 개혁해서 강해지는 것을 선택해야 현명하다. 그리고 비록 무가치한 결과를 낳은 변화 노력이나 수단일지라도 모아놓으면 유용하게 쓰이는 일이 많아 낙숫물이 댓돌을 뚫는다는 속담이 현실로 다가올 수 있다.

개선은 쉽지 않은 것이라고 평하는 이들도 있다. 흔히 개선 제의를 할 때 가장 쉽게 나오는 저항은 돈이 들어 어렵다는 평계와 시간이 없다는 평계이고 마치 자기와는 관계없는 다른 사람의 일처럼 간주하는 습관들이다. 하지만 평소에 하는 작업과 개선은 별도의 것이 아니다. 현재의 작업을 너무도 잘 알기에 개선할 수 있다는 쉬운 결론을 얻어야 한다. 단지 약간의 노력이 추가될 뿐인데도 많은 작업자들은 자기가 현재 수행하는 방법을 좀처럼 바꾸려하지 않는다. 그 이유는 큰 오류가 없었던 현재의 방법에 만족하기 때문이다. 이러한 자기만족은 개선의 적이다. 그것을 버리기 전에는 아무것도 개선할 수가 없다.

많은 사람들이 개선은 본인의 기본 업무와 별개라고 생각한다. 그래서 시간이 없어 개선을 하지 못한다는 변명을 한다. 하지만 개선과 혁신은 본연의 업무처리 안에서 이루어지는 것이지 절대로 업무 밖에서는 불가능하다. 개선과 혁신이 별개라고 생각하는 사람들은 과거의 업무방식에서 탈피하기 싫어하는 부류다. 매 번 동일한 업무 내용이라도 그때마다 달성 목표는 달라질 수 있다. 따라서 상향된 목표에 과거의 방식을 답습한다면 항상 목표 미달의 결과를 얻을 것이다. 현재의 방식에 불만을 품고 각고의 궁리를 해야만 달성이 가능한 것인데도 본인들은 최선을 다했는데 어쩔 수 없었다고 둘러대기 쉽다.

만약 오랜 고민 끝에 새로운 각도와 행동을 추가하여 업무를 수행해 목표를 달성했다면 그 과정 안에 과거와 다른 개선된 수단들이 삽입돼 있다는 것을 쉽게 발견한다. 그래서 항상 목표를 과거보다 높이 세운 사람은 개선하기보다는 저절로 개선된다고 볼 수 있다. 새로운 목표를 향해 다각도로 노력할 때 개선과 혁신이 따라오는 것이지 본업 따로, 개선 따로 있는 것이 아니다. 상사들은 팀원들에게 개선하자고 외칠 것이 아니라 본업 내의 반복 과제에서 매 번 목표를 조금씩 올려 업무생활 속의 개선을 유도하는 현명함이 필요하다.

개선의 작은 감동이 개혁을 리드한다

구태의연한 관리 습관으로 일관하던 회사를 지도할 때 겪은 일이다. 우선 작은 개선을 위해 창고에 보관한 부품이나 자재들의 보관 상태를 단정하게 바꾸도록 가르친 적이 있다. 그때 담당자는 단정함이 가져다주는 혜택을 모른 채 괜한 일을 만든다는 표정으로 한 번 따라는 해보겠다는 심정으로 활동하기 시작했다. 없는 시간에 틈을 내어 많은 부품적재 선반 중에 우선 두 개의 선반을 정리해 보았다. 여러 크기의 낡은 박스에 담겨진 채로 선반에 적재되어 있던 부품들을 모두 끌어내, 새로운 박스에 담지 않고 부품들을 그대로 선반에 진열시키기 시작했다.

박스에 담겨 있을 때는 사실 몇 개인지 구분도 가지 않았고 그 안에 불량 부품이 있는지도 알 수가 없었다. 하지만 부품들을 낱개 형태로 동일한 자세로 가지런히 놓았더니 어떤 부품은 양이 지나치게 많음을 알았고 게 중에는 겉모양만 흘깃 봐도 불량부품임을 알 수 있는 것도 쉽게 눈에 띄었다. 그리고 폭이 넓은 선반의 이용률을 감안해 뒤쪽에 약간 높이단 차를 주는 턱을 만들어 작은 부품보관 상자를 놓으니 정면에서 바라봐도 후부의 부품을 쉽게 구분할 수 있어서 이중의 진열을 할 수 있었다.

이런 단순한 행동의 결과로 그 관리자는 돈 한 푼 안들이고 창고면적의 30퍼센트 축소와 부품 구매금액의 삭감이라는 예상 못한 큰 효과를 얻게 되어 스스로 놀랐다. 그 후로 관리자는 누가 명령을 내리지 않아도 자기 자신이 생각하고 자신의 힘으로 과제를 개선하려고 동분서주하는 높은 의식을 지니게 되었다. 이런 것을 도요타에서는 '현장력'이라고 부른다. 이러한 작은 감동들은 사원들을 자신감 있는 개선 활동으로 내몰게 하는 큰 역할을 한다. 작은 개선을 즐겨야 한다.

개혁을 원하는 사람은 현재에 만족하는 사원들의 악습을 대신할 변화 행동의 동기부여를 만들어 낼 수 없으면 실패한다. 그 중 하나가 변하는 인재에게 주는 칭찬이다. 어린 시절 성적이 잘 오르지 않으면 핀잔을 듣지만 성적이 오르면 칭찬을 받는다. 이때 받는 칭찬은 성적이 오른 결과에 대한 단순한 만족 때문이 아니라 상태 변화를 위해 쏟아 부은 노력에 대한 찬사인 것이다. 이와 같이 결과에 두는 칭찬이 아니라 변화를 시도하는 열정에 극찬을 해야 한다.

도요타가 한창 성장할 때 현장의 책임을 맡았던 오노 다이이치는 한 달을 주기로 해서 노력한 인재와 그렇지 못한 인재를 철저하게 구분해 주었다. 많은 사람 앞에서 노력의 대가를 확실히 맛볼 수 있게끔 월간 회의석상에서 자리의 구분과 서열로 평가해주었다. 그리고 노력이 적으면 소득도 적다는 진리를 성과급의 차이로 보여주었다.

개선은 현재에 대한 반성을 의미한다. 스스로 반성하면 하는 일이 모두 당사자에게 도움이 되지만 현재에 자만하고 부족한 탓은 모두 남에게로 돌리는 습관을 갖는다면 떠오르는 모든 생각이 당사자에게 해를 줄 수 있다고 생각하는 것이 바람직하다. 개선은 본인을 자동적으로 항상 앞으로 걷게 해준다. 오늘 걷지 않는다면 뛸 능력도 없는 자에게 내일 뛰어야 할 일이 분명히 생겨날 것이다. 그래서 쉼 없는 개선 노력이 필요하다.

27
실천력 키우기—시작이 반이다

실천부터 한 다음에 개선하자

많은 기업들이 혁신지도를 하는 컨설턴트가 결과의 책임을 갖고 있는 것으로 오해하는 경우가 많다. 컨설턴트가 혁신하는 길의 방향은 가르쳐 줄 수 있지만 그 길을 걷는 몫은 해당 기업의 사원들이다. 사실 기업 내에서는 당면문제가 무엇인지 그리고 해답은 어떤 것인지를 다 알고 있다. 그 해답의 방향으로 행동하기를 주저하거나 고민하는 것은 실행이 귀찮기 때문이다. 그것도 첫걸음을 기피할 정도로 행동하기가 두려워 시간을 낭비하는 경우가 많고 스스로 선택한 길이 실패로 돌아올 때의 두려움으로 외부의 전문가에 의지하려는 경향이 강하다.

도요타는 실천력 하나로 세계를 주름잡고 있다. 우선 해보고 부족한 점을 개선하는 스타일로 직원들을 훈련시킨다. 특히 개발과정이나 생산과정에서 새로운 방법론이 생각나면 바로 시험에 들어가는데 이때 과거의 성공체험이나 비평은 절대 금물이다. 현상 타파의 개선을 목적하기 때문이다. 돌다리를 두들겨 보고 건너는 것이 아니라 건너는 동시에 두들기면서 많은 개선을 진행시켜 나간다.

가령 무거워 쉽게 옮기지 못하는 설비라도 개선의 대상으로 지목되면 먼 거리의 이동이 아닌 경우 그 날 밤에 바로 이동시킨다. 하지만 많은 기업의 경우 설비의 이동은 쉽게 접근하기를 꺼려해서 연초 휴무나 휴가철에 시도하는 계획을 세우거나 정규적인 전면 보수일정에 끼워 넣기도 한다. 하지만 이동하기 전에 아무리 검토를 했더라도 이동시켜보면 어차피 불일치가 나타나기 때문에 도요타는 말이 나오면 즉시 실행에 옮긴다. 결국 도요타는 다른 회사들이 1년 이상에 걸쳐 실시할 설비이동을 1주일 내에 실행시킨다는 결론이다. 그 정도로 개선의 스피드 역시 중요시한다. 말한 것을 즉시 실천하는 사람이 가장 가치가 있다고 믿는 것이다.

우리 기업 내에도 근사한 표어들이 많이 부착되어 있다. 누군가 할 일이면 내가 하고, 언젠가 할 일이면 지금 하고, 어차피 할 일이라면 즐겁게 하라는 표어를 여기저기서 볼 수 있다. 하지만 말뿐이다. 경영진에서 말단 책임자들까지 줄줄이 앉은 상급자들이 확인하지도 않는다. 확인도 하지 않는 가치 없는 구호에 누가 동참하겠는가.

도요타는 3현주의(현지, 현물, 현실)에 기초하여 행동한다. 특히 2000년대 초반에 추진한 원가혁신 프로그램(CCC-21)의 주역인 협력사들은 30퍼센트에 가까운 도요타의 원가저감 시도를 오히려 비즈니스 기회로 삼아 적극적으로 행동에 옮겼다. 그 결과 특정 업체에서는 원료-가공-조립이라는 3단계를 원료-조립이라는 개념으로 공법을 혁신시킨 예도 있다. 결국 참여한 모든 협력사들을 세계 최강의 부품 메이커로 육성하는 계기를 만든 것은 물론 30퍼센트의 거대한 목표도 6년여에 걸쳐 달성했다. 일이 끝나기 전에는 결코 불가능한 것이라고 여기지 말라는 경영진의 의지와 사원들과 협력사들의 실천력이 하나가 되는 멋진 플레이를 선보였다. 여기에 스스로 결정하고 약속한 목표를 지키지 못할 때가 가장 두렵다는 도요타 사원들의 목표관리 의식도 한몫 했다.

내일은 오늘의 실천이 만든다

도요타 생산방식이 훌륭한 경영수단임을 누구나 알고 있지만 가치 있게 활용하는 기업은 보기 힘들다. 도요타의 낭비제거 가운데 불필요한 것은 즉시 버리라는 원칙을 적용하여 우리 주위에 있는 서류나 절차를 버리려고 하면 안 되는 이유들도 많아 결국 하나도 없애지 못한다.

하지만 도요타는 없애기 곤란하다는 얘기가 나왔을 때 즉시 어떤 부분에서 곤란한가를 구체적으로 분석하여 적극적으로 제거 실험을 시도한다. 제거 대상이라고 간주되는 서류를 요구 부서에 보내지 않는 시도를 해본다. 그러면 한참 후에 혹시 보냈는지에 대한 문의가 해당 부서로부터 온다. 그런 다음 또 보내지 않고 기다렸더니 아예 문의조차 하지 않는 현상을 확인하고 해당 서류를 폐지해버린 사례도 많다. 필요가 없다는 실질적 확인에 그리 오랜 시간이 걸리는 것도 아니다.

따라서 생각만 하지 말고 실습을 하면 모든 것은 곧 완성된다는 속설을 증명해주고 있다. 도요타의 혁신과정에 가장 많은 역할을 하는 일반적인 작은 개선 행위들은 결코 지시에 의해 강요된 것이 아니다. 단지 현재의 상황을 뚫어지게 쳐다보고 느낀 양심의 행보다.

또 하나의 예로 도요타가 불량 조짐을 발견할 때 실시하는 라인스톱을 들 수 있다. 그들이 초기에 라인가동률을 희생하면서도 진짜 정해진 대로 해보자는 강한 의지로 수년간에 걸쳐 완성한 습관을 너무 가볍게 보는 경향이 있다. 다른 기업들이 아무리 의지가 강하고 도요타의 논리를 잘 납득했어도 결국 실천에서는 조금도 나아가지 못한다. 나중에는 작업자가 생산량 달성을 우선으로 여겨 이상을 발견해도 라인을 정지시키지 않는 행동을 스스로 당연하게 여겨버린다. 자신이 없고 겁도 나고 책임도 지기 싫은 것이다. 그래서 아무리 좋은 룰이나 제도를 도입했어도 끝까지 지키겠다는 마음가짐이 없으면 소용없다. 우리에게 없는 그 마음가짐이 곧 도요타의 혁신 유전자다. 그래서 도요타는 수십만 명의 방문객을 허용한다. 아무리 공개해도 남이 자기들의 혁신 유전자는 도저히 뺏을 수가 없다는 것을 알고 있기 때문이다.

우리들이 갖고 있는 습성의 하나가 성질이 급한 것이다. 그것을 개선의 실행에 써먹어야 한다. 자기만족에 필요한 것에만 그 성질을 사용하지 말고 조직의 목표 달성에도 쓸 줄 알아야 한다.

고객들은 조직원들 개개인을 믿어서가 아니라 조직이 내뿜는 신뢰를 믿어서 돈을 지불한다. 그 돈의 일부가 나의 수입이라 생각한다면 조직의 신뢰를 더 높이기 위해 나의 실천 노력을 조금만 더 기울이고 싶지 않은가. 자신감은 실천에서 오는 것이라고 생각하고 좋은 개선 방안이 떠올랐으면 즉시 행동하자. 그냥 우리 경제 혹은 우리 기업이 좋아질 거라는 막연한 얘기는 하지 말자. 내일을 입에만 달고 사는 사람에게는 내일이 없다. 내일을 만드는 것은 오로지 오늘의 실천뿐이라고 생각하고 행동하는 것이 우리의 할 일이다.

TOYOTA

한 국가의 기본 체력이라 할 수 있는 제조업의 저력이 결국 일본을 침체기로부터 벗어날 수 있게 해주고 국가경제를 지탱하는 힘으로 작용해온 것이라 볼 수 있다. 하지만 우리는 언제부턴가 제조업 전체를 3D 작업으로 착각하기 시작했다. 젊은이들이 기술현장에서 땀 흘리기보다는 머리를 별로 쓰지 않고 여가를 많이 낼 수 있는 길이라면 어떤 직업이고 마다하지 않는 추세를 보면 안타까울 뿐이다.

PART 03

초일류 조직을 향한
진화와 창조의 기업관

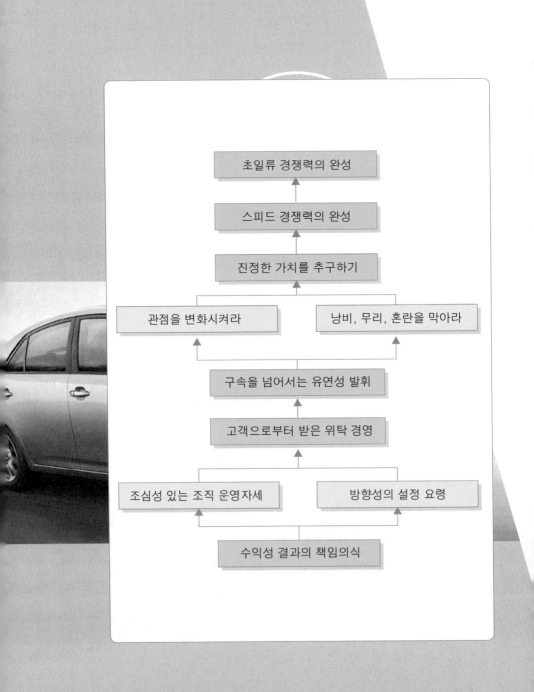

28
적자경영의 원인은 바로 나로소이다

낭비의 방치는 파멸을 초래한다

앞으로 남고 뒤로 밑진다는 얘기가 있다. 주문을 받을 때 분명히 남는 장사라고 여겨 열심히 만들어 팔았지만 결과는 적자를 보는 경우에 하는 얘기다. 세상에 확신할 일이란 없다고 느껴질 때가 바로 이 순간이다. 결국 실망하게 되는데 그것은 경영자가 조직의 능력을 과신했기 때문에 일어난 일이다. 스스로 견적을 잘못했는지 의심하여 다시 계산해보지만 아무런 하자가 없는 것을 발견한다. 그럼 어떻게 하여 적자를 낸 것인가. 범인은 바로 물건이나 서비스를 만들어가는 과정에서 본의 아니게 발생한 많은 낭비로 판명된다. 결국 부가가치 과정에서 낭비만 발생시키지 않는다면 원하는 이득을 반드시 얻을 수 있음을 알게 된다.

많은 경영자들이 외부활동은 열심히 하지만 내부의 갖가지 경영상황을 숫자로 환산한 정보에는 어두운 경우가 많다. 특히 현금흐름 정보나 재고량 정보에 어두운 관계로 내부의 진행상황을 통제할 수 없는 것이다. 대부분의 기업에서 겪는 적자결과는 경영진이 무능해서 벌어진 경우가 제일 많다. 두 가지 분야에서 지휘를 잘못하는 경우라 볼 수 있다. 그 하나는 회사의 추진 방향성을 잡는 전략과 행동 방향성을 잡는 전술이 부재일 수 있고, 다른 하나는 경영자가 설정한 방향성은 옳다고 보지만 하부조직의 실무자들이 엉뚱한 사고로 일을 추진할 경우다.

적자경영은 경영자의 무능한 경우를 제외하고는 거의 일선 작업자들의 무능함에 의해 생긴다. 판매단가가 100원이고 원가가 90원 그리고 이익이 10원인 경우의 제품을 예로 들어 본다. 월말에 납품하기로 약속하고 월초에 100개의 수주를 받았다고 가정한다. 이때 불량률로 고민하는 회사였다면 110개 정도 원료를 투입하여 해결하려 할 것이다. 하지만 생산한 결과 13개의 불량으로 인해 97개의 부족한 양으로 납품이 어렵게 되자 급히 5개를 추가로 만들 것이다. 3개가 부족한데 5개를 투입한 것은 역시 그 중에 불량이 나오지 않을까 하는 염려에서다. 하지만 초유의 관심을 두고 만든 결과 5개 모두 양품이 되어 납품상의 지체는 되었지만 겨우 수량을 맞추었다고 보자. 결국 잉여량 2개는 재고로 남게 된다.

이 경우에 계산을 해보면 돈을 쓴 총 투입 원가는 10,350원(115개×90원)이 되고 고객으로부터 10,000원(100개×100원)을 받았으니 350원의 적자가 발생한다. 2개의 보유재고로 200원의 추가 판매금액이 예상되지만 그런 경우는 거의 없다. 따라서 이 경우 적자는 사원들이 발생시킨 것이다. 불량의 낭비가 제조과정에서 발생한 대표적인 예다. 여기서는 불량의 개수가 비교적 과다하게 잡혔지만 일반 기업에서는 불량말고도 또다른 낭비요인이 많기 때문에 적자현상은 결국 마찬가지다.

적자는 직원 모두가 관계된 합작품

적자의 원인이 진행과정 상의 낭비발생이 아닌 경우도 있다. 매년 물가인상에 의해 원가가 시장의 판매가격을 넘어서는 원초적인 적자요인의 경우다. 그 요인은 크게 두 가지로 구분되는데 하나는 원재료의 급속 상승이고 다른 하나는 인건비의 과다한 부담이다. 원재료의 경우에는 자본력을 보유한 기업이 결국 오래 버틸 수 있어서 생존확률이 높고 자본력이 약한 기업은 바로 도산할 수 있다. 하지만 인건비의 경우는 어쩔 수 없는 조건이 아니라 내부에서 통제 가능한 조건이다.

단지 경영자가 근로자들의 요구를 매년 대책 없이 들어주는 경우에 한해서 발생한다. 물가반영률을 임금인상의 기초로 삼는 것은 잘못된 습관이다. 그 두 가지는 상호 영향성을 갖고 있기 때문이다. 사원들이 매년 기본적으로 물가인상분 만큼의 생산성을 올려야 물가에 연동해서 임금이 그만큼 올라갈 수 있다. 그리고 그 이상의 추가적 생산성 향상이 있을 때 추가 임금인상이 가능하다. 이것이 도요타의 임금지불 법칙이다.

우리와 같이 임금을 먼저 올려달라는 노조와 생산성의 결과를 보고 올려주겠다는 사측이 서로 대립하는 것이 아니라, 임금은 반드시 결과에 의한다는 인식의 공유로 닭이 먼저냐 알이 먼저냐는 식의 에너지 소모는 하지 않는다. 도요타의 사원들은 노력의 대가 없이 상대방에게 강요하는 임금요청 행위는 아마추어고, 스스로 번 돈에서 자신의 몫을 정당하게 가져간다는 의식이 프로라고 생각한다. 물가반영에 의한 무조건적인 임금인상 요구는 노력 없이 돈을 더 요구하는 거지근성이라고 보는 것이다.

기업 내부를 살펴보면 아직도 많은 기업이 적자를 낼 수밖에 없는 행동 패턴을 보여준다. 불량이 발생할 때 즉시 그 원인을 찾아 불량의 재현성再顯性을 막는 행위를 하지 않고 단지 불량 통계만을 들먹이며 점진적인 개선을 꿈꾸는 상황에서는 결코 적자를 면할 수 없다.

또 다른 경우는 생산기간에서 목격할 수 있다. 주문을 접수할 때 해당품의 재고가 없다면 제조 측에서 고객에게 대응가능 기간을 제시한다. 그런데 이 기간은 대량주문을 전제로 해서 고객이 제품의 견본 제작을 요청할 때 대응했던 기간과는 전혀 딴판이다. 누구나 개발 성격을 갖는 견본품의 제작은 지속적인 수주를 얻기 위해 최대한 신속하게 만든다. 즉 모든 공정을 거쳐 가면서 일말의 지체도 일어나지 않는 흐름생산을 시도한다. 하지만 고객의 승인을 얻고 난 이후 대량의 주문이 들어왔을 때는 샘플을 만들 때와 같은 긴장감과 스피드는 어디로 온데간데 없이 과거에 진행했던 자기편리 중심의 생산방식으로 고객의 짜증을 불러일으킨다.

도요타는 두 경우의 모습이 다르지 않다. 샘플을 만드는 진행방식과 스피드는 양산의 경우와 동일하다. 결국 전형적인 중간 관리자들의 악습 때문에 적자의 위험에 항상 노출돼 있다고 봐야 한다.

이와 같이 기업의 적자에는 경영자, 관리자, 일선 작업자 모두가 부분적으로 기여하는 것을 알 수 있다. 따라서 적자의 원인은 조직 내 모든 사원에 해당되는 것이지 어느 특정인이 유발하는 것이 아니다. 나 때문이 아니라는 생각은 착각에 불과하다. 철저한 준비 없이는 어부조차도 풍어豊漁를 기대할 수 없듯이 조직의 어느 위치에 있는 구성원이라도 자기책임의 원칙에 입각해서 모든 낭비유발의 사전대비 능력을 갖추어야 한다. 그래야 혹자를 기대할 수 있다.

29
우리가 두려워해야 할 것들

이제는 무엇으로 살 것인가

나날이 중국의 추격이 무섭도록 이루어지고 있는 시기에 우리보다 훨씬 선진국 위치에 있는 일본은 격차를 계속 벌여나가고 있어 이제 어려운 길로 접어든 우리나라의 앞날이 불투명해서 위기감을 떨쳐버릴 수가 없다. 중국의 추격보다 오히려 일본과 벌어지는 차이가 더 걱정된다. 이제까지 우리의 수출입은 중국 덕택으로 흑자를 유지해왔지만 이제는 적자를 볼 정도로 중국과 일본으로의 양 수출이 점점 줄어드는 태세에 있다.

중국과의 무역에서 우리가 주도해왔던 것이 첨단제품과 기술집약적 제품이었지만 이제는 그 자리를 모두 중국의 기업이 만든 제품들이 차지해버려 우리의 운신 폭이 점점 더 좁아지고 있다. 그리고 일본 쪽은 도저히 첨단기술로는 대적하기가 어렵고 일반제품의 경우는 더욱 어렵다. 겨우 1차 산업인 농수산물에 의지하는 형편에서 과연 우리의 생존을 위한 길은 어디에 있는가를 찾는 일이 시급하지 않을 수 없다. 게다가 한미 자유무역협상으로 약자에 대한 배려는 이제 사라지고 없는 상황에서 오로지 실력대로만 살 수밖에 없는 시절이 돼버렸다.

이러한 어려운 시기에는 점점 더 좁혀지는 우리의 샌드위치 신세를 한탄할 것이 아니라 우리가 안고 있는 초라한 생각이나 행동을 부끄러워해야 한다. 일본이 1990년대에 부동산 버블로 시작한 불경기를 10여 년씩이나 겪어왔지만 실제로 그들의 제조업은 꾸준히 발전만을 해왔다.

한 국가의 기본 체력이라 할 수 있는 제조업의 저력이 결국 일본을 침체기로부터 벗어날 수 있게 해주고 국가경제를 지탱하는 힘으로 작용해온 것이라 볼 수 있다. 하지만 우리는 언제부턴가 제조업 전체를 3D 작업으로 착각하기 시작했다. 젊은이들이 기술현장에서 땀 흘리기보다는 머리를 별로 쓰지 않고 여가를 많이 낼 수 있는 길이라면 어떤 직업이고 마다하지 않는 추세를 보면 안타까울 뿐이다.

아직 기우일지 모르지만 중국의 약진이 곧 우리를 상당히 곤경으로 몰아넣을 것이 분명하다. 기술력으로 볼 때 중국은 물론 우리도 아직 일본의 경쟁자가 될 수 없다. 그리고 중국의 풍부한 농수산물도 수입 기준이 허술한 우리에게는 통할 수 있어도 엄격한 일본에게는 그리 쉽지가 않다. 따라서 일본은 견고한 성곽을 갖고 있지만 우리는 곧 허물어질 싸리로 엮은 담만이 놓여있는 신세다.

우리나라는 기술력이나 기초산업이 성숙해지지 않은 상태에서 너무나 일찍 금융이나 서비스 산업에 다가간 것이 결국 모든 분야에서 이류나 삼류에 머무르는 결과를 초래했다고 본다. 불과 20~30년의 공업성장기밖에 거치지 못했으면서 벌써부터 인건비를 걱정하며 후진국으로 발걸음을 옮기는 정황은 어설픈 성장기를 겪은 후유증이라 할 수 있다. 우리가 1960년대 이후에 그나마 고속성장을 할 수 있었던 것은 중국 공산당 정권의 폐쇄정책 덕택이었다.

위기감과 사명감을 동시에 지녀라

요즈음에 벌어지는 국내 제조기업 생산기지의 해외 대탈출 현상은 앞으로 큰 사회문제를 야기할 수가 있다. 당장 후진국으로 생산기지를 이전시켜 경쟁력을 갖추는 일은 누구라도 생각할 수 있다. 중요한 것은 해당 분야에 진정한 우위성이 보장될 수 있겠는가 하는 것이지 당장 눈앞의 비용만을 고려한 발상이 상황을 극복하게 해주는 것은 아니라는 것이다. 완전한 하이테크를 보유하지 않은 상태에서 결국 그 나라의 싼 인건비를 잠깐 빌리는 대신 나중에 다 넘겨주고 나와야만 한다. 그런 후에는 우리에게 무엇이 남아있을까.

도요타는 해외의 생산기지가 국내의 생산성을 따라잡지 못한다. 도요타의 사원들은 해외에 생산기지를 건설하는 것이 국내의 생산성이나 원가조건이 뒤떨어져서가 아니라 현지생산을 통해 무역마찰을 감소하는 데 목적이 있다는 것을 안다. 그래도 항상 일거리를 빼앗길 수 있다는 위기감으로 개선하는 노력을 경주해 최고의 경쟁력을 보여준다. 그런 결과 현지의 부족한 물량을 국내의 공장들이 거들어주는 여유도 보여준다. 그들이 갖는 개선 열정은 혹시 남보다 뒤떨어질까 두려워하는 위기감에서 생겨난 것이다.

도요타 생산기지의 기본능력은 국내와 해외가 서로 비슷해도 생산량은 국내가 훨씬 많다. 따라서 도요타는 오히려 해외의 현지생산 조건이 굳이 좋은 게 아니라면 국내에 공장을 추가 건설할 계획을 갖고 있다. 일반적인 기업과는 반대의 행동을 하고 있는 것이다. 인건비 상승으로 경쟁력이 없어 해외로 생산기지를 옮기려 할 때 파업이라는 무기로 억지를 부려서라도 자기들의 철밥통을 지키려 하는 우리 국내의 상황과는 다르다.

일본의 침체기를 살린 주역은 제조 기업들이다. 일본의 경우는 우리보다 훨씬 앞서서 많은 기업들이 비용문제 때문에 해외로 공장을 이전시켰다. 그러나 국내의 고용문제가 심각해지고 비용문제도 시간이 갈수록 장점이 없어지는 동시에 고급기술이 모두 새나간다는 위기를 느끼자, 국내에서 경쟁력을 키워 생산하는 방법으로 다시 돌아가고 있다. 고부가가치 제품을 우선적으로 국내로 불러들여와 높은 생산성으로 후진국의 낮은 비용들을 대체하고 있다.

이런 역현상이 벌어지기까지는 경영자들의 통찰력과 중간 리더들의 끝없는 연구와 개선정신이 큰 역할을 해주었다. 그리고 무엇보다도 국내에 생산현장이 없으면 고급기술의 개발은 어렵다는 경영진의 논리와 일할 기회가 줄어든 상태의 지역 주민들이 살길을 찾자는 열정이 맞아떨어졌기 때문이기도 하다. 성급하고 무모한 계책은 처음에는 매우 효과적으로 보이겠지만 그것을 오랫동안 끌고 가기란 어려워서 결국 실패할 확률이 높다는 것을 보여주는 현실이다.

도요타의 리더십은 후손을 생각하는 것에서 출발한다. 후손들의 일자리를 확보해 놓지 않으면 시대를 먼저 살아간 사람으로서의 역할을 제대로 못했다는 자책감을 가지라는 것이다. 자기 편하자고 경솔한 판단을 쉽게 내릴 것이 아니라 먼 곳을 내다볼 줄 아는 식견과 탐구정신 그리고 늘 진화하는 개선정신을 발휘해서 후손들에게 존경받는 선조가 되도록 하자는 의지를 엿볼 수 있다.

그들이라고 왜 현재를 편히 보낼 수 있는 업무방식을 유지하고 싶지 않겠는가. 그리고 현재의 일을 매일 반복적으로 똑같이 유지하는 선에서 피곤하지 않게 살고 싶지 않겠는가. 하지만 후손들을 생각해야 한다는 뚜렷한 목표 아래 현재의 지친 몸을 다잡고 또다시 개선에 몰두하는 것이다. 그들의 사명감에 찬 행동을 멀리서도 볼 수 있다.

국가를 포함해 긴장감이 없는 조직은 늘 멸망해왔다. 위기감은 일이 역동적일 때 필요한 것이 아니라 평상의 상태에서 혹은 자신 있는 평범한 상황에서 오히려 더 필요했음을 중국이라는 추적자가 바짝 다가옴으로써 알 수 있다. 우리가 경쟁상대로 생각하기에는 아직 멀었다고 판단해온 중국이 코앞에 다가온 상황에, 위기감을 상실했던 스스로를 자책해도 소용없다.

오로지 현명한 통찰력 그리고 끝없는 개선과 개혁만이 잃었던 위기감을 되찾을 수 있는 길이라 보고 전진할 수밖에 없다. 이제는 오늘 나아지지 않았어도 내일이 있다거나 올해 목표달성을 못했어도 내년이 있다고 말하지 말자. 오늘도 우리를 쫓는 자와 앞서가는 자는 더욱 가속을 내서 달리고 있다. 아직 시간은 조금 남아 있다.

30
어떤 모습의 초일류가 될 것인가

초일류에의 입성入城과 수성守城

　초일류란 과연 어느 수준을 말하는 것인가. 특별히 정해진 기준은 없지만 우선 외형적으로 해당 업종에서 매출이나 이익의 규모가 가장 우수해야 하고, 어느 순간에만 그 위치에 머무르는 것이 아니라 일정 기간 이상 유지할 수 있어야 한다. 그리고 내부적인 역량 면에 있어서도 외부의 도움이나 타사를 흉내 내지 않고 독자적인 방법으로 진화를 수행할 수 있어야 초일류라 부를 수 있을 것이다. 그런 조건이라면 아마도 GE나 도요타와 같은 몇 개의 기업에 불과할 수도 있다. 이렇듯이 초일류의 위치에 이르기란 아주 어렵다. 가령 도요타를 넘으면 자동차 업계를 초월하는 능력으로 인정받을 수 있다는 점에서 그 분야의 초일류 기업은 업계에서의 극한을 달려야 한다.

　가끔 언론에서 도요타의 이익 창출 수단을 "마른 수건을 쥐어짜는 것"으로 표현한다. 한 술 더 떠서 협력사와 같이 쥐어짜는 것이라고까지 표현한다. 하지만 그런 표현은 도요타에 대한 몰이해라 볼 수 있다. 맹목적으로 자기 자신을 쥐어짜는 행위가 아니라 고객을 만족시키기 위해 스스로 변신하는 행위들의 결과로 이해해야 한다. 그렇지 않다면 도요타 내부 직원이나 협력사 직원들도 인간이기에 바로 지치고 포기할 수밖에 없기 때문이다. 쉼 없이 개선과 진화를 늦추지 않는 것은 단순히 그들이 변화하는 모습이라고 간주하면 된다.

초일류 기업의 가치는 길게 보면 그 조직 구성원들의 가치에 의해 결정된다. 도요타가 그들의 회사를 과감히 개방하는 이유는 그들의 병기가 기법이나 서류, 도면에 있지 않고 오로지 작업자들의 머리나 몸에 체득된 실력이라는 것을 알기 때문이다. 즉 7만 명의 종업원에서 나온 7만 개의 요소가 경쟁력이라는 얘기다.

세계적인 경제전문지《포춘》에서는 오랜 기간 최상위 위치에 거듭 거론되는 대부분의 초일류 기업들은 매출이나 이익 규모 면에서 전진은 천천히 하지만 뒷걸음질은 좀처럼 하지 않는다고 했다. 하지만 빈번히 순위를 바꿔가며 파도를 그리는 기업을 보면, 기업을 성장시키는 데에는 10년도 부족하지만 그것을 허물어뜨리는 데에는 1년도 채 걸리지 않을 수도 있다는 것을 알 수 있다. 그토록 초일류의 조건을 갖추기가 힘든 것이다.

초일류 기업을 수성하기도 결코 쉽지는 않을 것이다. 하지만 그들이 갖는 강점은 온실과 같은 보호 속에서 성장한 기업들이 결코 아니라는 것이다. 거친 파도가 유능한 뱃사공을 만들듯이 험난한 역경을 딛고 일어서지 않은 기업이 없다. 그러나 그들 내부는 항상 긴장감에 둘러싸여 있을 것이다. 가장 높은 곳에 올라가 있는 조직은 추락을 가장 두려워할 수도 있기 때문에 그 위치에서 매 번 스스로에게 위기감을 강조할 수밖에 없다. 그리고 그들의 공통점은 우리 기업들과 같이 정치권이나 사법권의 동향에 안테나를 두며 에너지를 빼앗기지 않고 오로지 일반 사회의 동향에 초점을 맞춰 주시를 하고 있다.

도요타는 구미 TOP 클래스의 초일류 선진국 기업들과 어깨를 나란히 하는 동양권의 유일한 기업으로 유난히 세계에 널리 알려진 명성이 매우 무거운 짐으로 작용할 수 있다. 행여 실수를 하면 하루아침에 사라질 수도 있다는 위기를 끌어안고 있다고 생각한다. 실제로 도요타의 차량 리콜이 발생하기만 하면 세계 각지의 언론들이 비방을 쏟아내는 것만 봐도 그 심리를 이해할 수 있다. 초일류의 위치 보전은 그 위치로의 도전보다 더 어려워 보인다.

자세와 이념이 초일류를 결정

이런 도요타의 생산방식이 세계에 알려지자 도처에 있는 각 기업들이 너나할 것 없이 그 방식을 도입하려 애쓰고 있다. 하지만 일반 기업들이 도요타방식을 도입하는 것은 마치 우측통행의 차량제도를 좌측통행으로 바꾸는 대변혁과 같은 수준의 변화라 볼 수 있다. 따라서 쉽게 도전해서 정착시킬 수 있다고 봤다면 그 기업은 초일류도 쉽게 가능하다고 생각하는 얼빠진 기업일 것이다.

도요타를 보면 초일류는 그냥 되는 것이 아니라 가능성의 씨앗을 일단 품어야 하고 그것을 70년이 넘는 세월 속에서 부지런하게 성장시켜야 겨우 도달하는 수준인 것이다. 그 씨앗이란 그룹 창업자인 발명가 사키치와 도요타자동차의 창업자 기이치로 그리고 한결같은 종업원들을 말한다. 물론 요즈음엔 마이크로소프트 사와 같이 소프트웨어의 훌륭한 개발과 응용만으로도 비교적 단시간에 초일류의 반열에 들 수 있지만 정통적인 제조 산업의 부류에서는 불가능한 얘기다.

이 세상에 탁월한 것은 드물게 마련이고 더욱이 완전한 것은 더 찾기 어렵다. 그런 가운데 초일류 기업들 틈 사이에서 유일하게 업종의 차이를 구분하지 않고 추구할 수 있는 제조의 개념을 세운 것이 도요타가 아닐까 한다. 다시 말해 일류 중의 일류라 할 수 있다. 그들의 방식은 생산성을 올리는 단순한 기법이나 도구가 아니라 기업으로서의 자세와 이념을 어떻게 가져야 하는가의 고민과 어떻게 구축해가야 하는가를 나타내는 경영철학이라 할 수 있다. 그리고 상품을 사는 고객을 외부 고객, 그 상품을 만드는 데 관계된 사람들을 내부 고객으로 나누어 이 두 고객을 각각 어떤 모습이 되게 하면 좋은가의 지침을 세웠다고 보면 된다.

초일류 기업의 그룹에 들어 있어도 조직원들에 대한 사고도 전혀 다른 형태를 취한다. 구미 기업들은 해고나 구조조정을 일반적인 행동으로 인정하지만 도요타는 그런 행위를 하지 않는다. 종업원들의 진퇴를 기업의 위기 사항이나 불편한 시기를 극복하는 발판으로 삼는 것은 기업이 할 짓이 아니라는 철학과 강한 문화를 보유하고 있다. 종업원의 실력을 취사선택하는 것이 아니라 전체의 실력을 향상시켜 주어야 기업의 의무를 다하는 것이라 간주한다. 마치 선택을 일상으로 하는 유목 민족과 오랜 시간 육성을 시키는 농경문화의 차이를 보는 것 같다.

어느 것이 초일류 기업이 가져야 할 인재관人才觀일지는 나름의 문화

배경과 사회의 통념에 따라 다르므로 단정적으로 정의할 수 없다. 그리고 도요타도 구조조정을 절대 안 하는 기업이라고 단언할 수도 없다. 하지만 종업원들을 구조조정하게 될 날은 모든 수단을 다 강구하고 난 이후가 될 것이다.

31
고객의 위탁견적서에서 출발하라

고객이 나의 급료를 책임진다

전 세계가 동일 경제권으로 통합되기 시작하는 1980년대 전후로 산업혁명과 버금가는 현상이 벌어지기 시작했다. 산업이 탄생된 이래로 공급이 수요를 넘는 경우가 없었지만 이 시기를 전후로 수요를 넘는 공급이 이루어지기 시작했다. 그래서 서서히 생산자 중심의 계획적인 대량생산은 무너져가고 소비자주도형의 다품종소량으로 전환되어 갔다. 즉 양산된 '제품'을 파는 것이 아니라 고객이 요구하는 '가치'를 판다는 개념으로 수요와 공급의 원리 자체가 변한 것이다.

제품이 해당 가격에 팔리는 것은 고객이 얻는 가치 때문이다. 일부 독과점 품목을 제외하고는 제조비용이 오르면 가격을 올릴 수밖에 없다는 안이한 사고를 가지면 안 된다는 것이다. 가격이 오르고 가치가 일정하면 고객은 더 이상 사지 않게 된다. 그래서 결국 만든 물건을 파는 입장이 아니라 팔리는 물건을 만드는 철학으로 전환해야 생존할 수 있다는 것을 인식하게 되었다.

생산자 중심의 시대에 살던 근로자들은 회사의 공급 능력에 따라 급여의 수준이 결정되었기 때문에 회사가 본인에게 임금을 지불한다고 생각했다. 그래서 경영자에게 충성하는 성향으로 근무를 해왔지만 소비자 중심의 시대로 들어서자 생산조직의 사회적 활동개념이 재정립되기 시작하면서 근로자 스스로의 역할에 대해 본질적인 재조명이 이루어졌다.

생산자 조직에 속한 근로자들의 급료를 회사가 지불하는 것이 아니라 고객이 지불하고 있다는 개념으로 전환할 수밖에 없는 환경을 살고 있다. 사실 근로의 대가는 회사가 지불하는 것이 아니라 최종서비스를 제공받는 고객이 지불한다. 이제는 근로자들에게 조직원들의 역할 하나하나가 고객이 받을 서비스에 반드시 연결되어 있다는 관계성을 인식시켜야 영리추구의 기업으로서 살아남을 수 있다. 하지만 대부분의 조직원들이 아직도 자신의 활동이 고객을 향한 가치창출이라는 연쇄사슬 중의 하나임을 망각하고 오로지 회사가 규정한 방침에 의거하여 활동한다고 생각하고 있다. 그래서 마치 고객이 회사를 위해 존재하는 것 같은 착각들을 많이 한다. 그런 기업은 더 이상 생존하기 힘든 세상이다.

도요타는 고객 중심의 관점에서 경영활동을 철저히 하는 기업으로도 유명하다. 그들은 '낭비의 배제와 제거'라는 기본사상으로 기업을 꾸려나가고 있는데 그 낭비를 두 가지 관점에서 관찰한다. 그 한 가지는 생산자 중심으로 그들 조직에 필요 없다고 생각되는 '조직의 낭비'고, 다른하나는 고객 측에서 필요 없다고 생각하고 있는 '고객의 낭비'다. 그래서 고객가치를 추구하는 초일류 기업이 되려면 철저히 객관적인 관점에서 바라볼 수 있는 가치관을 종업원들에게 심어주어야 한다고 판단하고 인재양성의 변혁을 일으켰다.

즉 고객의 시점으로 본인들의 행동 가치를 판단해야 한다는 가치관을 심으려고 한 것이다. 비록 조직에 필요한 것이라도 고객의 입장에서 볼 때 낭비로 간주될 수 있는 것은 모두 발견해서 개선하고 제거하는 것이 진정한 고객지향 정신을 지닌 인재임을 강조하고 고객가치를 추구하고 있다.

고객입장의 낭비는 나의 낭비

도요타의 최대 강점은 전 직원들이 고객입장에서의 낭비라고 간주되면 무엇이든 상관없이 바로 개선 대상으로 삼는 관점의 보유다. 제조업이나 유통 서비스업에서 전형적으로 벌어지는 재고보유의 예를 들어보자.

'재고의 낭비'는 조직에 어쩔 수없이 필요한 낭비로 간주하는 성격이 짙다. 조직은 재고를 가치 있는 작업 결과로 보고 고객은 비부가가치 작업 결과로 판단한다. 사실 일의 목적이 고객가치의 최대화라는 관점으로 생각한다면 재고는 당연히 없애야 할 대상이다. 고객입장의 낭비는 곧 조직의 낭비라고 생각하지 않으면 좀처럼 개선되지 않는다. 그리고 고객이 제시하는 가격에는 재고의 보유비용이 들어있지 않기 때문에 재고 없이 고객의 수요를 대응하는 능력이 초일류 기업의 우선조건이다.

도요타가 정의하는 고객입장의 낭비 '0' 개념은 고객의 요구 스피드보다 빠르지도 않고 지연되지도 않는 속도의 대응을 말한다. 만약 고객 요구 속도보다 생산자 능력이 빠르면 잉여 재고가 많을 것이고, 반대로 고객요구 스피드가 빠르면 미리 만들어 준비하는 재고가 많을 것이다.

따라서 재고 없이 고객의 가치를 최대로 올리는 방법은 고객 스피드에 똑같이 맞추는 1:1 대응 능력밖에 없다.

그래서 정확한 스피드를 구사하기 위해 도요타 내부에는 납기(혹은 요구 시점)가 없는 명령은 외부 고객이건 내부 고객(상사, 동료, 협력사)이건 관계없이 무시해버리라는 근무원칙이 존재한다. 그로 인해 예측생산은 할 수도 없거니와 주문이 발생할지라도 계약금을 지불하지 않은 가주문은 생산하지 않는다.

하지만 국내의 일부 대기업들은 아직도 구매 분야에서 중소기업들에게 계약서 없는 발주행위나 의사결정 수준이 낮은 즉흥적 판단의 주문을 일삼고 중간에 일방적으로 취소해버리고 어떠한 대가도 치루지 않는다. 이런 결과 그 주문에 관계된 여러 관계 기업들이 연쇄적으로 피해를 보지만 대기업의 거래협박에 어쩔 수 없이 손해를 감수하는 불행한 사태가 나타난다. 이렇게 고객 자체가 공식적인 위탁서도 없이 제조를 강요하는 조건에서는 어느 기업도 스피드 전략을 구사하지 못한다.

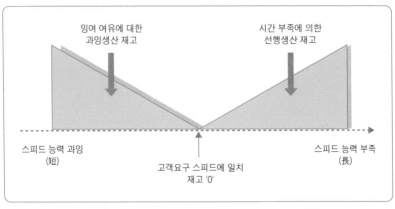

잉여 여유에 대한
과잉생산 재고

시간 부족에 의한
선행생산 재고

스피드 능력 과잉
(短)

고객요구 스피드에 일치
재고 '0'

스피드 능력 부족
(長)

[그림 3-1] **고객의 요구 스피드에 1:1로 대응하는 전략**

기업이 고객가치를 살리는 유일한 전략으로서 제조 스피드를 고객요구에 일치시킴으로써 빠르거나 느릴 때 유발되는 재고의 낭비를 없애 고객과 생산조직 모두 WIN-WIN 하는 개념이 [그림 3-1]에 표현되어 있다.

　특히 도요타의 국내 경쟁상대인 닛산도 생산자 중심의 오래된 수요예측에 의한 계획생산체계(10일 계획)를 접고 도요타와 같이 판매 대리점에서의 주문을 정리해 제조 순서와 시간대를 한 대씩 결정하는 시스템을 도입해서 시도했지만 이미 고객의 선택은 일찍이 고객입장의 낭비요소인 재고의 낭비를 없애준 도요타로 향하고 있었다.

　생산조직이 만드는 또 다른 큰 낭비 중에 불량의 낭비가 있다. 도요타는 역시 이 불량도 고객이 철저히 외면하는 고객입장의 낭비임을 일찍이 자각했다. 그런 결과 그들 제품에 대한 신뢰도가 높아져 수요가 증가하자, 양품도 만들 시간이 부족한데 불량을 만들 시간은 더욱 없다는 식의 불량배제 원칙으로 작업에 임한다.

　위기를 맞는 기업의 공통점이 존재한다. 그들은 현재의 행동방향을 결정할 때 항상 과거의 단순한 사실을 표현한 수치를 기준으로 한다. 전년도의 실적 수치에 입각해서 모든 계획을 세우고 가치창출 과정을 설계한다. 어디에도 고객에 대한 배려는 없다. 그런 결과 고객이 제시하는 새로운 위탁생산 견적서에 맞출 수 없는 능력으로 판정 받아 결국 낙오자가 된다. 조직이 처한 조건에 근거한 자기들만의 낭비기준 설정은 아무런 의미가 없다. 생존을 위해서는 오로지 고객이 판정하는 낭비현상을 무조건 우리들이 대응해야 할 낭비로 알고 고객의 요구에 순응하는 길밖에 없다.

32
구속을 구속으로 느끼지 않는 유연성

고객이 요구하면 구속이 되어보자

기업에 종사하는 많은 사원들에게 기업이 호조를 보일 때 그 이유를 물으면 경영여건이 많이 나아졌다고 얘기하고 침체를 겪을 때에 물어보면 외부환경이 악화되었다고 대부분 대답한다. 이런 현상은 기업의 활동 결과가 조직원들의 노력보다는 외부환경에 좌우된다는 무력한 발상을 지니고 있음을 암시한다. 결과에 대해 본인들이 아무런 책임을 갖고 있지 않다는 얘기다.

외부환경 탓만 일삼는 무능하고 게으른 조직이나 개인에게는, 좋지 않은 날씨란 존재하지 않고 오로지 적절하지 않은 옷차림만 있을 뿐이라는 말을 상기할 필요가 있다. 외부적 환경변화의 변화를 탓할 것이 아니라 내부 능력 확보의 게으름을 반성해야 한다는 말이다.

많은 기업들이 시장의 무한한 수요가 공급을 기다릴 때 승부하던 능률향상 전략을 공급이 수요를 초과하는 시기인데도 불구하고 계속 고수하고 있어서 문제가 발생된다. 능률 향상은 단지 현재의 산출 능력을 증가시킨 것에 불과하기 때문에 공급이 넘치는 시대에 합당하지 않다. 현재에 중요한 것은 고객이 요구하는 다양성을 어떻게 일일이 맞추어 가는가에 초점을 두는 일이다. 획일적인 능력 향상은 그리 도움이 되지 않는다. 하지만 단순하게 능률 향상만을 고집하던 조직원들에게는 다양성의 빈틈없는 추구행위 자체가 너무 어려운 과제로 간주될 수 있다.

본인이 하고 싶은 대로의 행동을 삼가고 고객이 원하는 대로의 방향으로 모든 행위를 설계해야 한다는 부담이 본인들을 구속한다고 생각한다. 따라서 구속 없는 자유로운 발상이나 창조행동이 기업의 발전을 결정한다고 가정하면 현재 고객으로 인해 벌어지는 구속을 구속으로 느끼지 않는 유연성의 보유가 경쟁력을 결정할 수 있다. 이런 착안에 기초를 두고 조직을 진화시킨 기업이 바로 도요타다.

도요타는 창업시기인 1930년대 후반부터 이미 고객의 요구 이전에 스스로 강력한 구속력을 갖는 기본적 행동철학(필요한 물품을, 필요한 시기에, 필요한 양만큼)을 세우고 그 철학 안에서 자유로운 수단의 창조를 해왔다. 조직원들이 큰 테두리의 구속을 기꺼이 흡수한다면 그 구속 내에 어마어마한 자유도와 창조의 활성화가 보장된다는 발상이다.

그러나 구미의 기업들은 고객의 변화에 구속되지 않고 전략적으로 스스로 하고 싶은 편안한 대량생산의 방향대로 밀어붙인 결과, 큰 구속을 피하는 대신 진행과정의 행동을 상세히 정한 후 정해진 룰에 따라 작업자들을 기계적인 움직임으로 구속하는 환경을 구축했다. 도요타와는 정반대의 발상으로 환경에 대응하는 방식이다. 이 환경은 능률 중심의 육체노동은 강요할 수 있지만 정신적 창의력은 강요할 수 없는 환경이라 볼 수 있다.

현재의 각 기업들이 보유한 능력과 경쟁위치들을 감안할 때 결국 21세기에 적합한 경쟁력은 도요타의 추구방향과 같이 고객이 제시하는 요구조건에 스스로를 구속시키는 동시에 생산이나 서비스 조직의 내부 활동은 유연하고 자율적인 자세로 대응하는 방식에서 높아질 것이다.

구속 속에서 자유로워지자

많은 기업들이 생존을 위한 혁신을 부르짖는다. 그러한 흐름 속에 조직원들은 본인의 자유의지와 관계없이 강요되는 것이라고 인식하고 정신적으로나 행동 면으로 원치 않는 구속을 받는다고 생각한다. 하지만 서비스 조직이 구속력을 거부하면 이미 그 생명력을 잃어버린 것과 같다.

국내의 자동차 대리점을 방문하여 원하는 차량을 구입하려 할 때 서비스의 주체인 자동차 회사들이 대응하는 언행을 살펴보면 경쟁력의 차이를 바로 알 수 있다. 약간 특이한 사양이나 칼라만 선택해도 흔한 대중적 차량의 몇 배에 해당하는 주문기간을 요구한다. 그리고 고객에게 기다림의 단점을 해소하는 차원에서 자기들이 만들어 쌓아 놓은 재고 차량을 선택하도록 은근슬쩍 종용한다. 자기들은 고객에게 구속당하지 않으려고 발버둥치면서 오히려 고객을 구속하려는 행동에 불과하다. 시대에 반하는 행동을 쉽게 하면서도 본인들의 조직이 발전하기를 기대하는 낙후된 개념에 머물러 있다.

시기에 따라 생산 차종의 수요변화는 늘 고객들의 취향에 따라 변하게 마련이다. 그럼에도 불구하고 자기들이 편한 방향으로 정해 놓은 생산라인 복무규칙에 의해 행동한 결과 고객은 제때에 원하는 물건을 공급받지 못하는 한심한 사태가 벌어진다. 추락하는 것에 날개를 다는 듯한 이러한 잘못된 사고나 습관에서 빨리 탈출해야 경쟁력을 얻을 수 있다. 하지만 그럴 기미가 보이지 않는 것을 간파한 도요타는 이미 그들의 경쟁상대 리스트에서 우리의 기업 이름들을 모두 삭제해버렸다. 그들은 이미 우리의 끝없는 추락에 대해 예고하고 있다.

백화점에 가서도 마찬가지 현상이 벌어진다. 모처럼 마음에 드는 옷을 발견했을 때 종업원이 해당 사이즈가 다 떨어졌다고 얘기하는 경우가 발생한다. 이때 고객이 요구하는 시기에 맞추어서 제작해보겠다는 태도로 고객의 구속력을 흡수하기 보다는 시일이 걸린다는 핑계를 대고 현재 매장에 있는 다른 옷으로 선택하기를 종용해서 자기의 조건에 고객을 구속하려 든다. 아주 나쁜 고객대응의 예라 할 수 있다. 매장의 경영자도 이런 대응을 권고한다. 하지만 비록 고객이 그런 구속에 의해 다른 옷을 선택해서 구입했다 해도 사용하는 내내 마음에 차지 않아 아쉬움을 끌어안고 산다. 그래서 다음에는 그 회사의 매장은 반드시 피하려는 심리를 갖는다. 결국 해당 기업의 인기도는 점점 떨어져 문을 닫게 되는 것이다.

도요타는 예전에 기계 설비들의 품종교체 시간이 너무 길어 필요 이상의 수량을 생산해서 생긴 재고의 낭비를 없애기 위해 모든 설비의 준비교체 시간을 10분 이내로 하도록 추진했다. 10분을 넘기지 않고 한 자리 수 내에서 교체한 데서 싱글 준비교체라 했는데 이제는 5분 안에 모든 것을 완료하는 능력을 추진 중이다. 한 손(싱글 핸드)으로 표시 가능한 수치라는 개념의 싱글 준비교체로 진화했다. 이렇듯 세계에서 가장 빠른 스피드로 품종교체를 한다. 이런 것이 바로 고객의 구속과는 전혀 관계없이 자유롭게 창조할 수 있는 경쟁력의 핵심 요소다.

내가 이렇게 하면 고객이 좋아할 것이라고 생각하지 말고 고객이 진정 원하는 것은 무엇인가를 알아내 그것을 절대적으로 달성시킨다는 결심을 하는 순간 고객의 구속에 나 스스로 포로가 된다. 그런 다음 이 구속 안에서 나는 어떻게 자유로운 생각과 행동으로 진행해야 하는가만을 고민함으로써 결국 고객의 구속조건은 더 이상 별 문제가 아닌 방향으로 진행해야 현명한 것이다.

고객의 요구 조건을 구속으로 느끼지 않고 내가 원하는 행동과 사고로 진행하면서도 해결할 수는 있다. 하지만 그렇게 하려면 엄청난 자원의 낭비가 동반되어 결국 고객을 마주할 기회마저 빼앗겨버린다.

고객의 요구가 스피드라면 시간의 축 중심으로 지체나 정체가 벌어지는 모든 현상의 낭비를 제거하기에 힘쓰면 되고, 가격이라면 과정상에 돈만 들고 아무런 가치가 없는 행위의 낭비를 제거하기에 힘쓰면 된다. 수요의 심술궂은 변동 폭에 짜증을 낼 것이 아니라 그 변동으로 인해 나는 어떤 것에 당황해 하는가를 포착해 그 관리대상들의 유연성을 결정하는 인자를 잡아내는 일 등에 주력해서, 외부의 구속력을 흡수하되 스스로는 아주 창의적인 경제성을 발휘하는 행동철학이 중요하다. 이를 효율화라 한다. 능률의 시대는 마감이 되고 효율화를 추구하는 시대다.

33
관점만 바꿔도 살아남는다

자연은 우리의 스승이다

흐르는 물이 가장 깨끗하기 마련이다. 어떤 이유에서든 물을 가둬두면 오염은 시작된다. 산소와의 활발한 접촉이 맑은 물의 원리다. 그리고 자연스런 흐름이 계속 될 때 물의 근원지에서 바다까지 걸리는 시간이 가장 짧다는 결론이 나온다. 도요타는 이 원리를 일찍 깨달았다. 주문을 받으면 무조건 오랜 시간이 걸려야 했던 종래의 방식을 타파하는 가장 효과적인 방법을 생각하는 것이 과연 가능한가에 도전했다.

그 결과 고객이 요구하는 물건을 만들어가는 과정에서 어느 순간이라도 머물게 되면 물이 고인 것과 같이 오염되기 시작한다는 철학을 지니게 됐다. 따라서 물건제작에 착수한 순간부터 고객의 손에 건네줄 때까지 일체의 정체를 용서하지 않은 결과 동종업계는 물론이고 제조업계에서도 가장 빠른 스피드를 낼 수 있는 구조를 보유하고 있다.

이렇게 자연의 원리를 빌려 가장 스피드가 있는 생산체계를 구축하다 보니 능력상에 남보다 여유가 많이 발생해 일정을 계획하는 사원의 자유도가 높아진다. 따라서 조직의 대응성이 높아져 자연스럽게 경쟁력으로 이어질 수밖에 없다.

헬리콥터는 제자리의 공중지체를 주요 무기로 삼는 비행기의 한 종류다. 그 기능에는 헬기를 땅으로 끌어내리려는 중력에 반대되는 동일한 힘을 계속 유지해야 하는 어려움이 있다. 만약 주의력이 부족하여 약간의 힘만 부족해도 땅에 떨어지고 만다. 기업도 마찬가지다. 경쟁에 의해 취약해지는 부분과 이를 극복하려는 내부의 힘이 동일해야만 현상유지를 할 수 있다. 그래서 극심한 경쟁 속에서 현상유지만 해도 잘하고 있다는 평가를 내리기도 하는 것이다.

반대로 헬기의 현상 위치를 유지하기 위한 노력에 약간의 힘만 더하면 바로 위로 치솟을 수 있다. 도요타는 이 원리도 적극 도입했다. 큰 기술의 진보보다는 모든 직원이 늘 작은 개선에 몰입하여 항상 남보다 앞설 수 있는 여건을 만들어감으로써 초일류의 길을 걷게 만들었다. 이는 마치 목표를 맞추기 위해 목표보다 더 높은 곳을 겨냥해서 쏘는 화살의 원리와도 흡사하다. 시간이 걸리고 갈 길이 먼 목표를 향해 추진할 때는 반드시 생각보다 더 많은 에너지를 축적해가면서 전진해야 한다.

인간의 신체는 신비로운 존재다. 그 중에서도 인체의 안전을 위해 가장 필요한 것은 자율신경계다. 일일이 조건발생을 뇌에 전달하고 다시 뇌의 명령을 받아 대응한다면 모든 위험에 그냥 노출될 수밖에 없을 것이다. 하지만 순간대응이 필요할 시에는 대응 가능한 조직에서 스스로 반응하도록 자율신경을 살린 것이 생명유지의 핵심요소가 된다. 도요타는 이러한 원리를 거대한 조직임에도 불구하고 적극 도입하여 경쟁력을 키워왔다. 구미의 기업들은 컴퓨터를 이용해 중앙집중식의 통제를 선호하는 반면 도요타는 현장의 작은 단위조직에게도 일정한 권한과 책임을 독립적으로 부여해 중앙의 명령 없이도 스스로 문제 상황을 극복해갈수 있는 환경과 행동습관을 정착시켜왔다.

가령 후속 공정에서 요구하는 다양한 품목이나 수량을 최소의 자원낭비로 해결하기 위해 일정량만큼의 수량을 만들어 놓은 후, 빠져나간 양만큼만 다시 바로 채우는 후보충 시스템과 같은 효율적 방식은 현장의 자율적인 책임 하에 집행한다. 그런 결과 고객의 급격한 수요환경 변화 속에서 공룡과 같은 몸체를 지니고 있음에도 재빨리 변신하는 대응력을 구가하여 능력 면에서 남들을 저만치 따돌리고 있다.

상식만으로도 초일류가 가능하다

개성과 차별화가 만연된 복잡하고 다양한 세상에서 상식을 거론하는 것 자체가 의외일지 모르지만 때로는 가장 좋은 감각과 결과를 유도할 수 있다. 우리가 일상생활에서 확인할 수 있듯이 주부들은 가사를 집행할 때 반드시 한 가지 이상을 동시에 수행한다. 가령 세탁기를 돌려놓고 청소를 한다든지 아니면 음식물을 끓이면서 동시에 다른 요리를 하는 것과 같이 항상 동시병행의 작업을 한다. 도요타는 이것을 놓치지 않고 무려 1940년대 후반부터 현장 작업에 적용하여 타 기업과는 달리 1인 1작업체계를 넘어 1인 복수기계Multi tasking라든지 다기능체계를 구축하여 생산성을 올리고 있다. 이렇게 도요타 내에서는 이미 상식으로 인정되는 것이 다른 기업에서는 노력 과제다.

또한 도로의 톨게이트에서 돈을 지불하려는 차량대기 중에 돈을 지불할 차례의 차량이 한참 머무를 때 다른 차량들은 짜증을 품고 줄지어 대기하는 모습을 목격한다. 지체가 발생하는 이유는 대기행렬에 있을 때 지불 준비를 미리 하지 못하고 차례가 되어서야 허둥대는 잘못된 습관 때문이다.

현장에서도 작업변경을 해야 할 기계의 옆에서 현재 작업을 진행하면서 준비해도 상관없는 행위들을 최대한 미리 해둔다면 기계를 멈추어야 하는 교체시간은 매우 짧아질 수 있다. 이것이 바로 준비교체 단축의 원리다. 도요타는 이렇듯 자연이나 생활 속에서 이루어지는 극히 상식적인 원리를 최고의 경쟁력 구축에 직접 활용한다.

1945년경 도요타의 창업자인 기이치로가 미국의 자동차를 3년 만에 따라잡자는 이해하기 힘든 슬로건을 내세우면서 수단으로는 극히 상식적인 세 가지를 제시했다.

첫째, 자원의 움직임은 모두 가치가 있는 움직임이어야 한다.
  * 움직임働의 부가가치율 100퍼센트
둘째, 생산하는 모든 자동차는 직행률 100퍼센트여야 한다.
셋째, 가용할 수 있는 설비는 100퍼센트 가동될 수 있어야 한다.

위의 세 가지는 누구나 알 수 있는 당연한 상식이다. 하지만 모두들 비상식적이라고 말한다.

첫 번째의 상식을 설명하면, 작업자의 움직임이 모두 돈이 되는 작업

이어야지 그냥 시간만 허비하는 동작이 되면 안 된다는 뜻이다. 가령 기계를 가동시켜 놓고 감시하는 일을 하면 안 된다는 얘기다. 이미 작업은 기계 자체가 진행하므로 작업자는 기계를 떠나 다른 일을 진행시켜야 한다는 의미다. 그리고 운반이나 검사 같은 일은 아무리 시간을 투입해도 돈이 되는 일이 아니므로 가능하면 하지 않도록 조건을 바꿔가야 한다는 무척 어려운 개념이다.

두 번째의 상식은, 품질 불량으로 인해 중간에 물건이 지체되면 뒤에 오던 물건으로 순서가 교체되거나 아예 불량으로 판정되면 해당 물건은 최종단계까지 올 수가 없어 직행률이 100퍼센트가 될 수 없다. 따라서 자재를 투입했다면 일말의 불량 발생도 허락하지 않아야 하는 작업체계가 요구된다. 이것 역시 제조 기업이라면 당연한 논리인데도 불구하고 불가능의 영역으로 놓고 있다.

세 번째 상식은, 제조과정에 필요하다고 인정되는 기계설비라고 하면 언제든지 운용하려 할 때 아무 이상이 없어야 하고 운용할 때에는 고장이나 이상 발생으로 정지되는 일이 없어야 한다는 의미다. 다시 말해 필요할 때 즉시 사용 가능하고 사용 시에는 절대 정지하지 않아야 한다는 절대적 뜻을 담고 있다. 이 역시 돈을 투입하여 설비를 운용하는 생산자 입장에서는 당연한 논리지만 일반 기업에서는 엄두도 못 낸다.

이렇듯 도요타의 경영자가 제시한 초일류로의 활동조건은 단지 세 가지 상식이었을 뿐이다. 그 조건을 반대하는 사람은 아무도 없지만 그 상식을 집행할 수 있는 사람 역시 어디에도 없다. 도요타는 그 상식을 달성해보기로 하고 지금까지 수십 년에 걸쳐 7만 명이 머리를 맞대고 있다. 하지만 도요타보다 뒤처지는 많은 기업들은 그런 상식을 무시한 채 영뚱한 과제를 부여잡고 있다. 당연히 격차가 점점 벌어질 수밖에 없다.

도요타는 목표가 지극히 상식적이다. 그러나 그 목표달성 수단의 발굴에는 비상식적인 방법까지 강구하는 면을 보인다. 반대로 일반적인 기업에서는 목표를 비상식적(이상적)으로 잡은 반면 그 달성 수단은 지극히 상식적인 제한된 사고 아래에서 진행한다는 차이점이 있다. 따라서 도요타는 항상 상식을 기초로 하여 혁신하는 기업이라 할 수 있다.

도요타가 1950년대 후반부터 본격적으로 승용차 생산을 시작해 생산성의 향상이 절실할 때 그 수단을 찾는 방법에서는 너무나 상식적인 발상으로 출발한 흔적이 발견된다. 두 가지가 절실했다. 한 가지는 물건의 흐름시간을 짧게 가져가는 것이고, 다른 하나는 생산성을 높이는 과제였다. 제조기간을 짧게 하는 근본 동기는 가공되는 물건이 빨리 공정 사이를 통과하는 일임을 알아 차렸다. 그래서 감독자 각자가 파리가 되어 투입하는 원재료에 올라 앉아 가공물과 함께 이동해본다는 가정으로 가공물들을 추적한 결과, 곳곳에서 무단히 지체되는 현상을 발견하고 그 이유를 모두 밝혀 정체 없이 흐르게 길을 터주어 스피드를 올렸다.

생산성 과제는 가공물이 가공되는 순간의 문제이므로 감독자들이 기계나 작업자가 가공을 일으키는 장소에 직접 다가가 하루 종일 기계 혹은 사람이 가공을 하지 못하는 시간을 잡아내 그 이유를 모두 밝혀 하나하나 해결함으로써 생산성을 극한으로 올려놓았다. 이와 같이 도요타는 상식을 무시하지 않고 충실히 지켜나감으로써 초일류를 달성했지만 그렇지 못한 기업들은 아직도 상식은 저편에 두고 나름대로의 하수下手 방법만 열심히 적용해서 문제가 된다. 목적을 이루고 싶으면 그 분야의 상식에서 상한선은 무엇이냐를 우선해서 찾는 자가 현명한 사람이다.

34
낭비와 무리 그리고 혼란을 극복하라

낭비와 무리가 번갈아 오는 혼란

일반적인 업무형태를 보면 오전 출근시간 직후에 밤새 새로 생긴 각종 정보의 정리와 업무 지시 그리고 팀원들과의 정보교환으로 분주한 시간을 보낸다. 그리고 점심시간 전후로 점검 성격의 일과 약간의 여유를 거치고 난 후 퇴근 시간이 가까워 오면 다시 마감을 중심으로 마음과 손이 바빠짐을 알 수 있다.

주간의 일도 하루 일의 분포와 비슷하다. 주초에 회의와 계획착수의 일이 많아 일정이 빠듯한 반면 주중에는 여유가 생기고 다시 주말에는 휴일의 고민거리를 없애기 위해 마무리를 하느라고 동분서주한다.

월간의 일도 비슷한 패턴으로 벌어진다. 월초에 계획하는 일과 지난 달의 마감으로 바쁜 반면 월 중에는 비교적 여유가 있다가 월말이 가까워지면 실적 달성에 급급하여 무리하게 되고 다음달의 계획을 세우느라 여유가 없다.

한 해의 일도 같은 분포로 이루어진다. 연초에는 각종 계획모임과 조정 작업이 많아 시간이 부족함을 느끼고 연중에는 실행 중심의 실무를 비교적 여유 있는 마음으로 조망하다가 연말이 다가오면 그 해의 목표를 이루기 위해 마지막 피치를 올리는 행위로 눈코 뜰 새 없고 신년의 계획을 세우느라 머리도 많이 사용한다.

이렇게 초기와 말기는 분주한 반면 중간은 여유로운 시간의 형태를 이른바 파도의 형태와 같은 'V'자형 근무 패턴이라 말한다. 간단하게 그림으로 나타내면 [그림 3-2]와 같다. 여기서 과연 조직의 인원은 어느 시점의 업무량에 기준을 두어 배치해야 하는가 하는 경제적인 자원 활용 문제가 대두된다. 대부분의 부분조직 리더들은 피크시의 업무를 기준으로 사원들을 할당받으려 애쓴다. 중도에 빈 공간이 있어 여유를 부

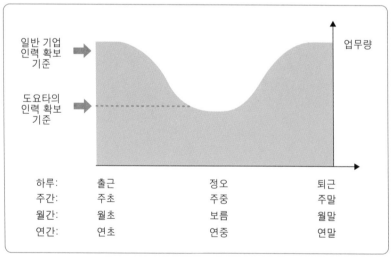

[그림 3-2] 'V' 자형 근무 패턴

리더라도 분주할 때 인원 걱정은 하고 싶지 않아서다. 이런 것을 인원의 낭비라 한다. 도요타라면 과연 어떤 기준으로 할까 궁금해진다.

도요타의 표준시간 설정과 소인화少人化 전략의 예를 들어보면 그들의 인원배치 전술을 추정할 수 있다. 현장 작업자의 작업표준 시간은 해당 작업에 가장 익숙한 숙련공이나 현장 감독자의 스피드 있는 동작을 기준으로 설정한다. 그런 후에 모든 작업자가 그 동작을 익혀 빠른 시일 내에 해당 표준시간에 도달시키는 활동이 그들의 표준시간 전술이다.

소인화는 상품의 수요량이 변동할 때, 특히 감소할 경우 기존의 인원에서 감소비율 만큼의 인원을 빼내 다른 일에 파견을 보내고 나머지 인원으로 정규 시간에 수요량을 달성하는 전략으로 인적자원을 통제한다. 이런 사고로 기준할 때 도요타는 업무량의 패턴 가운데 가장 업무량이 낮은 중간 시점을 기준으로 인원배치를 한 후 나머지 전후 피크의 업무량을 기존 인원의 다기능화 혹은 조력助力제도를 창안하여 해결해갈 것이라는 것을 짐작할 수 있다.

실제로 도요타의 설계나 개발 그리고 관리 인력은 너무 빠듯한 체계여서 한 사람이 여러 가지 성격의 일 혹은 여러 프로젝트의 책임을 맡아야 한다. 물론 국내의 기업들도 이런 현상은 비슷하겠지만 업무추진 밀도에서 차이가 난다. 국내의 경우에는 대부분이 회의나 교육이라는 명목으로 본질적인 업무시간을 비교적 많이 빼앗기기 때문에 도요타 사원들의 업무밀도와 같다고는 할 수 없다.

회의가 많은 것은 본질적으로 서로의 업무가 합치되지 않거나 정밀한 계획 없이 일을 추진하는 습관으로 인해 서로 누락된 정보를 얻으려는 모임이 많기 때문이다. 업무시간을 낭비하는 전형적인 모습이 될 수 있다. 하지만 도요타는 일의 계획시기부터 매우 상세하게 계획을 작성하여 틈새 없는 활동과 진도 관리 또한 강해서 우리와 같은 시간 까먹기 회의는 하지 않는다. 그래서 그들의 업무량과 우리의 업무량은 본질적으로 차이가 난다.

밸런스의 추구는 혁신의 완성

조직이 매일 거의 동일한 자원으로 일할 때 산출물의 규모가 매일 차이가 발생하는 것에 유의할 필요가 있다. 동일한 상품을 만들어도 매일의 차이가 발생한다. 그것도 미세한 차이가 아니라 10퍼센트 전후해서 차이가 발생하는 일이 다반사다. 불량발생의 그래프도 마찬가지고 가동률의 결과도 비슷하다. 이것을 혼란이라 표현한다. 이런 상태에서는 생산성의 아이디어나 혁신적인 원가저감은 나올 수가 없다. 혼란이 없는 안정 속에서만 한 단계의 점프가 가능한 것이다.

매일 다른 높이의 실적 그래프를 보고 있노라면 그래프의 맨 꼭대기에 본인이 엎드려 있다고 상상할 수도 있다. 그렇다면 높고 굴곡이 많은 놀이공원의 청룡열차를 타는 것과 같은 기분이여서 얼마나 어지럽고 혼란스럽겠는가. 정신적으로 정리가 불가능하다. 그래서 도요타는 반드시 그 날의 생산목표는 달성하도록 노력한다. 99.85퍼센트의 평균 달성치를 갖고 있다. 그 이유는 계획적인 개선이나 혁신을 차질 없이 실천하기 위해서다. 기본 능력 자체가 흔들리면 어떠한 개선도 무용지물이 된다는 것을 강하게 인식하고 있다. 이것을 균등화Balancing 전술이라 한다. 조직의 자원 활용을 안정화하기 위한 첫 번째 관문이다.

또한 불량으로 인한 혼란을 없애기 위해 무려 한 공장 내에 100군데 이상의 품질검사 관문을 만들기도 한다. 검사하는 전문 인력이 있는 것이 아니라 작업자의 자주검사와 간단하게 설계된 불량이동 자동금지 장치Fool Proof로 해결한다. 즉 전체의 혼란을 막기 위해 또 다른 낭비를 유발하지 않는 치밀함을 볼 수 있다.

도요타의 생산기술들 중에 세계 여타의 기업들이 추격하지 못하는 기술이 한 가지 있다. 바로 평준화 시스템이다. 평준화란 서로 다른 품종을 동일한 생산 라인에서 동시에 뒤섞어 생산하는 기술이다. 흔히 혼류생산의 선결기술이라 말한다. 즉 어느 모델이라도 해당 공정을 지나갈 때 똑같은 시간이 걸리도록 하는 기술로 수많은 요소의 결합과 배분을 통한 분석으로 해결할 수 있는 고도의 노하우가 필요하다.

도요타가 이런 어려움을 극복하면서 이 기술을 추구하는 것은 아무리 많은 모델의 수요가 있어도 재고를 두지 않고 고객이 요구하는 시기에 납품을 하려면 이 기술이 전제되어야 가능하기 때문이다. 바로 작업공수 균등화 기술이다.

대부분의 무리나 낭비 그리고 그 두 가지가 뒤섞여 나타나는 혼란은 복잡함 때문에 일어난다. 따라서 제품에 주로 적용되는 경박단소輕薄短小의 개념이 조직의 활동에도 절실하다. 단계가 많으면 줄이고 편차가 있는 업무의 차이를 작게 하고 가능하면 일의 대상을 작은 작업단위로 얇게 나누어 분석하는 습관도 필요하다. 그리고 긴 업무의 기간을 짧게 변화시키기 위해서는 잠재낭비를 구체적으로 발견할 수 있도록 짧은 시간단위의 요소로 전환시키는 작업이 요구된다. 그런 후에 도요타처럼 일의 대상을 정미(正味=부가가치)작업과 비정미(비부가가치)작업으로 나누어 관찰해보면 모든 낭비와 무리의 요인을 발견할 수 있어서 균등화라는 상태를 만들어 혼란을 방지할 수 있다. 즉 무질서를 퇴치한 이후에야 비로소 어떤 개선도 백지상태에서 출발할 수 있는 고효율의 추진력을 발휘할 수 있다.

35
진정한 가치추구는 언제나 통한다

고객은 가치추구의 영원한 목표

경제잡지에 등장하는 글로벌 기업의 상위권을 차지하는 기업들이 갖는 공통점은 행운에 기대기보다 모든 결과는 노력의 대가로 이어지는 철저한 인과관계를 믿고 성장해온 기업이라는 점이다. 그들이 추구해온 행동의 주요 초점은 주로 고객에 맞추어져 있었다. 맛있게 먹을 가족을 생각하면 주부가 최고의 요리를 만들 수 있듯이 고객의 만족하는 모습을 상상하며 최고의 제조시스템을 만들어 간 기업들이다.

어느 조직이나 경영의 선봉에는 경영이념과 경영방침 그리고 경영목표가 필히 존재한다. 경영이념은 마치 한 국가의 헌법과 같아서 그 조직의 경영철학에서 탄생한 결과물이라 할 수 있다. 가령 예를 들어 어느 동네 생선장수가 '나의 사명은 이 동네 500세대에게 신선한 생선을 가능한 싸게 공급하는 것'이라는 철학을 지녔다면 아주 훌륭한 사업 이념을 지녔다고 볼 수 있다. 마치 사시社是와 같다고 할 수 있다. 또 길든 짧든 경영의 방향성을 방침으로 삼아 무엇을 언제까지 어떤 상태로 가져갈까를 고민하는 것이 경영목표라 할 수 있다. 이런 조직의 필수요소를 과연 어떤 가치관을 바닥에 깔고 조직원 전원이 행동으로 이행하느냐가 관건이다. 이런 가치관의 생성과정과 방향성의 선두자리에 도요타가 있는 것이다.

하나의 조직이 외부 고객이나 내부 고객에 대한 뚜렷한 목표의식을 지니고 모든 수단을 강구한다면 그 결과는 언제든지 빛을 발하게 되어 있다. 외부 고객에 대한 가치추구의 한 예로 1980년대 초반 도요타 조립 라인의 직행률 향상활동을 들 수 있다. 그 당시의 직행률은 60퍼센트를 전후한 낮은 수준이었다. 물론 대부분의 다른 자동차 기업들은 불과 30퍼센트 전후에 머물러 있었다. 제조 과정 중간에 각종 불량조건 때문에 투입된 순서대로 진행되는 것이 아니라 도중에 진행순서가 많이 뒤바뀌어 납기 순서대로 물건이 나오지 않았다. 이런 실력으로는 도저히 고객의 납기 요구에 맞춰줄 수가 없다는 것을 깨달은 도요타는 무슨 일이 있어도 라인에서의 제품 직행률을 90퍼센트 이상으로 올려놔야 한다고 믿었다.

그래서 가동률에 대한 작업자들의 걱정을 뒤로 하고 무조건 불량조건이 발생하면 라인을 멈추라는 명령을 내렸다. 자동차 라인의 마지막 부분에는 조립라인을 끝낸 차량 중에 약간의 문제가 있는 대상 차량을 수정Touch Up하는 장소가 있다. 이때 장소가 넉넉해도 수정 차량을 강제로 적은 수로 제한하여 그 수만큼 현재 수정하고 있다면 라인을 바로 멈추도록 했다. 그런 다음 완전히 불량발생 조건을 극복하고 다시 가동시키는 행동으로 수정 차량이 거의 없는 상태가 되기까지 무려 4~5년이 소요됐다.

시행 초기에는 매 번 정지하는 바람에 라인가동률이 무려 70퍼센트대로 곤두박질했지만 차츰 나아지기 시작해 나중에는 결국 95퍼센트 이상의 직행률을 달성하면서 가동률도 95퍼센트가 넘는 훌륭한 결과를 냈다. 초기 얼마간의 생산성 하락이라는 희생을 감수하지 않으면 달성할 수 없는 혁신이다. 이런 염려 때문에 다른 기업들이 엄두를 내지 못한다. 사원들 역시 초기의 반복된 불량 극복의 어려운 활동에도 불구하고 고객만족의 능력 확보를 하루라도 앞당기자는 희망으로 돌진했던 것이다.

꿈이나 희망이 바로 그 집단이 가진 성격의 지표로 간주될 수 있다고 보면 도요타는 고객을 절대 무시하지 않는 조직이라 할 수 있다. 그래서 무엇보다 중요한 것은 이 과감한 행동으로 납기 준수율이 100퍼센트까지 접근할 수 있는 전대미문의 결과를 도출했다는 것이다. 이로써 도요타는 1980년대 중반부터 다품종소량의 다양한 고객 요구들을 요구하는 납기에 철저히 대응해줌으로써 일본 국내의 선두주자로 나설 수 있었고 극심한 경쟁 하에서도 국내외 고객의 사랑을 독차지할 수 있었다.

고객의 요구에 기초를 둔 가치관은 영원하다는 사례가 하나 더 있다. 최근에 미국에서 판매된 전기 동력 복합시스템 차량인 하이브리드 차량의 판매실적에서 드러난 사실이다. 그 분야에서 기술적으로 가장 앞선 기업은 도요타와 혼다 두 곳이다. 하지만 혼다는 기존의 어코드(3000cc) 차량에 힘을 더하여 3500cc의 추진력을 낼 수 있도록 하는 주관적 개념으로 그 개념을 적용한 반면, 도요타는 유가가 치솟는 상황에 고객들은 더 경제적인 연비를 요구한다는 가치에 기반을 두고 기존의 중형차인

캄리(2400cc)에 하이브리드 엔진을 적용했다. 그 결과 연료 1리터당 13킬로미터의 주행에 그친 혼다의 판매실적은 5개월간 2000대에 미치지 못했고 18킬로미터를 추구한 도요타는 같은 기간에 무려 2만 대가 넘어 10배 이상의 격차를 보였다. 결국 혼다는 해당 차량의 사업을 접고 다음 기회에 승부를 기약하면서 도요타에게 당한 완패를 인정해야 했다.

도요타가 내부 고객의 만족을 추구하는 예로 평생직장 개념을 들 수 있다. 비단 평생고용이라는 계약서는 없을지라도, 도요타 사원은 누구나 자기가 성실하게 근무하는 한 해고를 당할 리는 없다고 믿는다. 회장까지 지낸 오쿠다 히로시는 공공연히 도요타는 절대 사람을 해고하지 않는다는 선언까지 하고 다녔다. 만약 직원을 해고해서 회사를 정상화시키려는 경영자가 있다면 차라리 할복을 하라고 소리쳤다. 이 공개적 선언으로 한때 미국의 저명한 기업신용 평가기관이 도요타의 등급을 하락시켰지만 도요타의 지속적인 전진을 확인하고 오래 가지 않아 다시 최고등급으로 상향 조정하는 해프닝도 있었다.

구미의 일반적 사고로는 이해할 수 없는 해고 부존不存의 개념이었던 것이다. 늘 주주들의 이익을 대변하기 위해 구조조정을 일삼는 그들로서는 기업의 가치를 떨어뜨리는 발언으로 간주했다. 하지만 인력의 해고 없이 꾸준한 성장을 보이자 도요타의 진정한 가치추구를 인정할 수밖에 없었다. 결국 내부 고객을 만족시켜주는 수단에서도 도요타의 승리로 막을 내렸다.

시대를 초월하는 가치관

도요타의 생산방식이 지금 세계의 표준처럼 인식되는 이유는 주어진 일을 가능한 최소의 인원과 설비로 재고부담 없이 계속 도전하는 개념이 바탕에 깔려 있기 때문이다. 그러한 개념으로 초지일관 한 세기를 거친 도요타의 가치관이 범세계적으로 인정받고 있다는 징표다. 하지만 반드시 도요타만이 유일한 가치관을 가진 것이 아니라 유수의 초일류 기업들은 서로 동일한 가치를 추구하고 있었다는 것을 포드 자동차와 도요타의 정책추진 비교표([표 3-1])를 만들어봄으로써 쉽게 파악할 수 있다.

20세기 초를 화려하게 장식하면서 사회적 영향력이 막대했던 대량생산의 메카 포드자동차와 다품종소량의 해결사로 21세기의 선두주자로 부상한 도요타의 행동철학 및 경영철학의 가치관은 많은 면에서 공통적 유전자를 지니고 있음을 알 수 있다.

[표 3-1] 시대적 초일류기업들이 추구한 가치관의 공통점

가치 분야	포드(20세기 초)	도요타(21세기 초)
노동관	노동은 자연스러운 것이고 정직한 노동을 통해서만 번영과 행복 달성	노동은 인간의 의무고 신성한 것
제조 행위	건강과 부와 행복은 생산 활동을 통해서만 가능	제조로서 국가에 공헌한다
개선	기업은 닭처럼 무언가를 얻기 위해 바닥을 박박 긁고 있어야 건강해짐	개선 행위에 끊임 없이 도전
고객 중심	소비자를 위해 일하느냐 아니냐에 따라 생산자의 성공여부 달림	고객 수요에 맞는 생산으로 기업의 존재 목적 정의

가치 분야	포드(20세기 초)	도요타(21세기 초)
낭비제거	불필요한 부분의 제거와 단순화로 제작비용 절감	하나를 더하기보다 불필요한 것을 제거하는 정신
원가개선	저렴하게 만들 수 있는 이유는 첫 차를 만들 때와 똑같은 제조과정은 없다는 점	수단의 경영 – 만드는 방식이 변하면 원가도 변한다
목적의 추구	제품이 무엇을 하기로 되어 있는가 보다는 실제로 무슨 일을 하는지가 중요	일의 본질 추구를 위한 '목적'의 재정의
현실부정 사고	똑똑하고 너무 현실적인 사람은 안 되는 이유를 잘 안다. 늘 한계를 주장	현재의 방식을 최선이라고 생각하는 사람은 변화할 수가 없다
성장 = 성공	매일 아침 새롭게 잠에서 깨어나 온종일 맑은 정신으로 임하라	과거도 잊고 미래도 염려하지 말고 오로지 오늘의 변화만 생각
가치창출	부분을 가장 잘 만들 수 있는 곳에서 제작한 다음 소비 단계에서 조립	부품협력사의 꾸준한 육성과 소비가 있는 곳에서의 현지조립생산
품질보증	내가 만든 차들 중 하나라도 고장이 난다면 나는 욕을 먹어도 싸다	고객의 손에 불량을 하나라도 안 겨주지 마라. 이상 발견 즉시 라인 정지
상품의 진화	제품이 단순할수록 만들기 쉽고 가격이 내려간다	부품수의 축소와 모듈화, Platform의 공유로 제품 단순화
작은 개선의 누적이 혁신	12,000명의 직원이 하루에 열 걸음만 줄이면 불필요한 움직임이 80km가 줌	한 명이 5km 전진하기보다 1000명이 1m씩 전진하기를 바람
무차입 경영	대출은 난국을 뚫고 나가지 못하는 것에 대한 손쉬운 변명거리	남의 돈을 빌어 사업하는 것은 기업 능력의 수치에 해당
낭비 '0' 실현	작업시간은 부족하면 안 되지만 불필요한 것은 1초라도 용서 못 한다	가장 군더더기가 없는 작업방법을 표준으로 결정

가치 분야	포드(20세기 초)	도요타(21세기 초)
부가가치관	낭비가 전부 쓸모 없는 손실은 아니라 해서 낭비를 해도 좋다는 것 아님	표준작업 내에 있는 작업이라도 군살의 낭비는 결국 없애야 한다
참다운 인간성 존중	근로자들이 덜 일하게 하기보다는 더 일하게 함으로써 복지를 더 제공	인간성 존중은 작업 중에 내포된 낭비를 제거해 작업밀도를 높이는 것
조직 활동의 구속과 질서	각 부문 상호의존도가 높아 매우 엄격한 기강이 없으면 엄청난 혼란 유발	흐름생산과 정류화를 위해 구속성과 경직성을 흡수해야 함
낭비원가	공장의 바닥공간을 헛되이 버리지 마라. 소비자의 수송비 부담 증가	고객의 위탁견적서에 기준하여 제조비용을 구성하라
문제원인 추구	어떤 문제든 철저하게 연구하면 길이 보임	문제에 대해 끈질기게 다섯 번 '왜'를 외치면 해결이 가능
혁신의 기회	경기불황은 모든 사업체의 두뇌에 대한 도전으로 간주하라	경기불황의 여건을 개선과 혁신의 절대기회로 삼아라
개선은 일의 일부다	매일의 일상 속에 어제의 방법을 개선할 방법이 숨어 있다	일이란 작업+개선이다 늘 개선점을 찾는 것이 의무다
Just In Time	당장 필요치 않은 자재를 사는 것은 쓸데 없는 짓이므로 필요 시점에 사라	필요한 물품을 필요한 시기에 필요한 양만큼 만들거나 보내라

36
극한의 스피드를 추구하라

돈의 흐름을 계산하라

상용차(트럭)를 생산하는 국내의 어느 자동차 회사에서 도요타 특강을 한 적이 있었다. 그 기업은 자신들의 상대 적수가 도요타 밖에 없다는 뜻을 공공연히 매스컴을 통해 과시했었다. 그런데 정작 그 기업 간부급 이상의 사원들은 도요타에 대한 상식이 너무 없다는 데에 놀라지 않을 수 없었다. 하지만 이는 단지 그 기업에만 머무는 현상이 아니라 국내 거의 모든 기업에서 나타나는 현상이라 할 수 있다.

도요타와 같은 초일류가 되고는 싶지만 어떻게 해서 초일류에 이르렀는지에 대해서는 관심 밖이다. 그 기업의 재고 규모를 확인한 바, 한 달이상의 완제품 재고량을 보유하고 있다는 사실을 알게 되었고, 그런 재고의 규모를 그다지 부끄럽게 여기지 않는 직원들의 표정에서 초일류는 멀어져간다는 느낌을 지울 수가 없었다.

장사를 함에 있어서도 운영에 필요한 돈을 자기 자본금에서 투입하지 않고 남의 돈을 빌리지 않고서도 사업을 이끌어나가는 공룡 규모의 기업이 이 세상에는 존재한다. 바로 도요타가 그 기업에 해당된다. 비즈니스의 가장 중요한 요소는 돈의 흐름이다. 수입의 획득 속도가 지출의 회전 속도보다 빠르면 어떠한 운영자금도 필요 없게 된다. 바로 시간이라는 개념을 전략적 무기로 사용하는 개념이다.

도요타가 바로 이런 원리로 50년간을 자기 운영자본의 투하 없이 이익을 계속 불려온 기업에 속한다. 그렇게 늘려온 이익잉여금이 무려 40조 원에 가깝다. 세계 25개국에 거점을 확보하는 투자가 있었음에도 그렇다. 불과 7개국 정도의 해외 투자를 진행하는 국내의 선두 자동차 기업이 유동성이 의심되는 현금보유율을 보이는 것에 비하면 훨씬 다른 차원의 수준에 서있음을 알 수 있다. 그 차이가 바로 스피드에 있다는 사실을 깨닫는 사람은 드물 것이다.

재고가 없는 동일한 조건에서 흔치 않은 모델을 주문하면 두 기업 간의 대응 속도 차이는 무려 3배 이상이 날 수도 있다. 그렇지만 소수의 특정 모델에 대한 스피드 능력 차이가 자금회전 스피드에 직접적인 영향을 미치지는 않는다. 오히려 많이 생산하는 보편적인 선호 모델의 생산 방식 면에서 자금의 스피드 격차가 벌어진다. 자금의 회전 지연에 가장 큰 영향 요소는 역시 완제품의 재고이기 때문이다. 그 다음 요소는 어떤 이유에서 초래됐던 간에 라인 정지에 의한 생산중지의 발생이라 할 수 있다. 이 두 가지 모두 도요타와 국내의 선두 자동차 기업이 현격한 차이를 보여준다.

도요타는 자신이 사용한 모든 자원의 대가지불 시점이 오기 전에 제품을 판매한 수입금의 일정액을 이익으로 거두고 나머지로 모든 비용을 지불한다는 전략으로 임한다. 물건 만들기의 속도가 바로 돈으로 연결돼서 결국 시간에 대한 가치부여 차이가 실력 차이를 가늠한다는 철학이다.

만약 생산에 착수하기 위해 원재료를 구매하고 인력과 장비 그리고 추가 재료 및 많은 에너지를 소비해가며 만든 완제품이 사용한 자원의 대금 지불기한 내에 고객의 상품구입 대금으로 변하지 않으면 현금이 필요하게 된다. 그 상황을 정상화시키려면 남의 돈을 빌려야 하고 생각하지 않았던 이자까지 지출해야 하는 이중고를 겪는다. 그러나 이런 현상이 일시적으로 발생하고 마는 경우라면 바로 극복하겠지만 만성적인 재고보유 현상이 존재한다면 과잉지출도 만성적 현상이 돼버린다.

자본력이 약한 기업은 스피드가 생명

도요타에서 말하는 생산 LEAD TIME은 재료의 투입에서 완제품 검사 단계까지 마치 한 사람이 해당 제품을 모든 공정에서 연속적으로 처리해나간다는 시간으로 환산하여 값을 나타낸다. 국내의 모든 기업들은 고객으로부터 신속한 제품개발 의뢰를 받을 때만 대량수주를 받기 위해 현재 생산 중인 다른 주문 생산품을 제쳐서라도 지체 없이 연속적으로 처리하여 고객에 대응하고 있다. 그때의 LEAD TIME은 평소의 그것과 비교할 수 없을 정도로 신속하다. 바로 그때의 생산소요 시간이 도요타가 말하는 LEAD TIME이다.

하지만 대부분의 기업들은 그것을 특별 상황이라고 치부해버린다. 평상시의 생산은 그때보다 무려 10배가 넘는 시간이 걸리더라도 당연하다는 인식으로 정체를 끌어안고 생산을 한다. 이 점이 바로 도요타의 생산 스피드를 따라잡을 수 없는 이유다. 도요타는 어떠한 분야의 활동에서도 일말의 정체를 허용하지 않는 개념으로 사전에 표준을 잡기 때문에 작업자가 표준시간을 준수하려면 물 흐르듯 연속적인 동작을 구사해야만 가능하다. 그 조건이 바로 많은 사람들이 도요타의 조립라인에 견학을 가서 현장작업자들의 연결된 동작을 보고 혀를 내두르는 이유다. 우리와 같이 숙련자와 초보자의 어중간한 중간 값으로 표준을 정해 적당히 스피드를 조정하지 않는다. 그런 습관은 시간 가치가 중요한 줄 알면서도 실제로는 가장 비효율적으로 사용하는 전형적인 사례에 해당한다.

해마다 대기업들은 중소기업 협력사들에게 반강제적으로 원가인하를 요구한다. 자기들의 이익을 확보하기 위해 만만한 협력사에게 구매 능력을 빌미로 삼아 강제적이라 할 만큼의 압력으로 원가인하를 요구한다. 이미 국내 대기업에서는 이것이 가장 손쉽게 원가절감을 하는 관습으로 굳어져 있다. 힘든 스피드 향상 활동은 기피하고 대신에 쉬운 방법을 택하는 것이다.

모기업이 자체의 제조 LEAD TIME(수주에서 출하까지)을 단축하기 위해 부단히 노력하면 자금회전율이 호전되어 운영자금의 부담 없이 활동하는 수준까지 올라가 협력사에게 빠른 대금지급을 할 수 있다. 그렇게 되면 협력사가 미리 예상해서 거래 단가에 개입시켰던 관리비용이 필요 없어져 일정액의 단가인하 요인이 자연적으로 발생한다.

그리고 모기업이 터득한 모든 혁신방법들을 협력사에게 훈련시키면 협력사 스스로 원가절감에 노력하여 필요할 때 자발적으로 단가인하의 능력을 키우게 하는 것이 도요타의 스피드철학을 깨우치는 길이 된다. 하지만 일방적으로 흐르고 있는 시간 속에서 유용하게 사용하는 시간과 유용하지 못한 시간을 구별하기란 매우 어렵다는 점을 고려하면 스피드 전략은 고도의 능력이 요구됨을 알 수 있다.

37
초일류 경쟁력의 완성요소

훌륭한 인재들로 육성하라

돈 잘 버는 기업은 무시할 수 있어도 훌륭한 사원들이 있는 기업은 무시할 수가 없다. 효율적이고 체계적인 업무 인프라가 구축된 기업은 더더욱 무시할 수가 없다. 이러한 조건을 고루 갖춘 기업이 과연 몇이나 될 것인가. 인재와 시스템의 뒷받침 없이 돈을 버는 대기업을 위험하다고 보는 것은 부당한 특권과 각종 면제 혜택으로 부당하게 커진 경우가 많아 허물어지기 쉬운 약점을 갖고 있기 때문이다.

기업지도를 하는 과정에서 가장 심혈을 기울여 가르치는 항목이 있다. 특정 과제나 혹은 일상 업무에서 체계적인 계획을 세워 수행할 필요가 있는 일에 대해 담당자가 시나리오를 철저히 수립해서 일하는 습관을 길러주는 것이다.

사람들은 생각한 대로 살지 못하면 살아가는 대로 생각하기 마련이다. 즉 목적과 목표가 주어진 분명한 일에 대해 스스로 효율적으로 수행할 방법을 생각해두어 그대로 실천하지 않으면, 일 자체가 본인의 뜻과는 달리 상황에 따라 흘러가버릴 경우가 많아서 상황에 지배되는 일 처리가 되기 쉽다.

다가올 일에 대해 앞을 내다보는 형태로 대책을 세우지 않으면 가까운 데서 도사리고 있는 걱정거리가 수시로 괴롭힌다는 것을 느낄 수가 있다. 그래서 목적하는 일에 대해 행동을 시작하기 전에 주의를 기울여 가장 좋은 기회를 마련해서 조직의 이익추구에 관계된 모든 항목을 고려할 수 있도록 지도한다. 훌륭한 인재를 육성하기 위한 하나의 과정훈련이다. 이런 방식을 나 나름대로 스토리보드Story Board 작성 관리라 부른다.

이 발상은 어느 유명 영화감독을 벤치마킹 한 데서 시작했다. 그의 과거 히트 작품의 스토리보드(촬영을 위해 사전에 작성하는 장면 삽화 책)를 입수해 살펴보고 후에 더 히트한 영화의 스토리보드를 살펴본 결과 많은 차이가 있음을 발견할 수 있었다. 두 스토리보드 사이에는 3년이라는 세월의 격차가 있었고 후에 만든 스토리보드가 훨씬 정교하고 상세했다. 결국 감독의 치밀한 계획력 향상이 최대의 관객동원이라는 결과를 낳게 했던 것이다. 이 감독은 기회를 기다리는 것이 아니라 기회를 만들어 가는 인재에 해당한다. 이렇듯 어느 조직이나 사원들의 치밀한 계획 능력 향상에 힘써야 한다.

조직이 오랫동안 초일류의 수준을 유지하고 싶으면 인재를 나무 기르듯이 꾸준히 육성할 수 있어야 한다. 옮겨 심은 화려한 나무는 바로 퇴색하기 쉽지만 오랫동안 잘 가꾼 나무는 오랫동안 열매를 제공하듯이 실력 있는 인재의 스카우트가 아니라 실력을 쌓아가는 인재로 성장시켜야 한다.

높은 건물일수록 기초가 깊듯이 초일류를 향하고 싶으면 인재의 층도 두텁고 넓게 가져가야 한다. 도요타가 개발설계 분야에 치중하지 않고 생산이나 영업부문의 인재 양성에도 심혈을 기울이는 것은 전 분야에 걸친 사원의 능력 개발만이 조직력 향상이라는 최고의 수익증가 방법임을 터득했기 때문이다. 특히 생산에 대졸 이상의 능력을 지닌 도요타 공업학원 출신들을 대거 포진시켜 소홀하기 쉬운 생산 부분의 인재 양성을 게을리 하지 않는 전략을 구사했다. 나쁜 천으로 좋은 옷을 만들 수 없다는 진리를 깨닫게 해준다.

둘도 없는 시스템을 구축하라

도요타의 성공요인은 다양하게 분석할 수 있으나 그 중에서도 단연 두각을 나타내는 분야는 고객만족 분야다. 즉 고객이 좋아하는 최대의 공약수를 확인하고 그 방향으로 신차를 개발하여 출시하면 인기를 얻는 전략을 능숙하게 구사한다. 그리고 사업 관계자들, 특히 협력사와 판매 딜러들 간에 정보 공유와 의사 통일을 이루어 남보다 배나 빠른 사업 추진력으로 승부한다. 게다가 항상 숨김없는 자세로 정보를 공개하고 일개의 종업원일지라도 경영에 참가한다는 의식을 불러일으켜 회사에 대해 무한한 애착을 갖게 한다. 이런 세 가지의 주요한 방향성이 도요타를 초일류 대열에서 앞서가게 한다.

큰 규모의 기업들은 상당히 많은 제품군을 거느리고 사업을 영위한다. 규모의 경제를 십분 발휘하기 위해서다. 도요타도 역시 차종별로 약

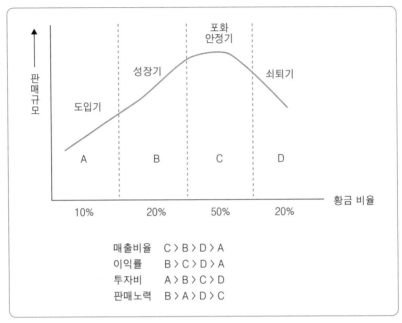

[그림 3-3] **제품 Life Cycle의 관리**

70여 종의 모델을 거느리고 있어 단연 세계 최대의 모델 군을 보유한다. 그런 모델들에 대해 생명주기Life Cycle의 관리 원칙을 충실히 시행함으로써 각 모델이 갖는 최대수익성을 거두는 작업을 수행한다. 라이프 사이클의 관리 원칙을 보면 [그림 3-3]과 같다.

특히 상품의 도입기에는 고객 요구와 합치하는 비율을 향상시키기 위한 노력과 성장상품으로의 유도 노력이 주를 이루고, 성장기에는 오류 없는 설계를 통해 계획원가를 적극 달성하는 노력을 경주한다. 그리고 안정기에는 지속적인 원가저감 활동을 전개해서 경쟁가격을 계속 확보해 규모의 경제를 이용한 이익극대화를 십분 발휘한다. 마지막의 쇠퇴기에는 계열사나 해외기지로 제품을 전격 이동시켜 전략적 OEM의 역할을 살려 생명주기를 가능한 오래 연장시키는 데 주력한다.

기업이 어느 한 기능 분야를 뛰어나게 한다고 매출이나 이익률이 오르는 것이 아니다. 반드시 개발부터 판매 그리고 최종 물류단계까지 이르는 모든 기능을 레벨 업하고 연동시키지 않으면 전체적인 퍼포먼스 Performance는 향상되지 않는다. 이러한 기능 향상에 가장 기여를 크게 할 수 있는 인물은 바로 최고경영자다.

조직의 운영을 의뢰받은 경영자는 보다 높은 레벨의 능력을 갖추기 위해 조직원들을 하드 트레이닝시킬 의무가 있다. 그리고 더 이상 안 해도 된다는 의식이 쉽게 침투할 수 있는 최고가 되기를 요구하지 말고, 단지 어제보다 나은 오늘을 지속적으로 추구하게 하여 쉽게 지치지 않게 해야 한다. 한 번 변화해봐서 잘 진행되지 않으면, 또 변화하면 좋아질 것이라는 가벼운 기분으로 진행시키는 노련함도 필요하다. 즉 변화를 두려워하지 않는 조직문화로 만드는 일이 가장 큰 일이라고 생각해야 한다.

그러한 매일의 작은 경험이 화려한 남의 것을 흉내(벤치마킹)내는 일보다 훨씬 소중함을 느끼게 해야 한다. 그런 오래된 노하우만이 남이 함부로 흉내낼 수 없는 비즈니스의 비결을 만들어낸다. 하지만 남의 성공에만 매일 귀 기울이고 관심을 갖는 기업은 자기가 어디로 가고 있는지 모르는 배와 같아서 결코 초일류에 도달하지 못한다.

마지막으로는 사원 개개인의 꾸준한 생산성 향상으로 증대된 이익을 다시 사원이나 사회에 자연스럽게 환원하는 마무리를 잘 지어야 한다. 그리고 인류사회에 어떻게 공헌하겠다는 꿈이 없는 회사는 사원 모두가 현실 수준의 사고에 그쳐 더 이상 초일류의 길로 접어들 수 있는 점프를 할 수 없음을 우리 모두 철저히 인식해야 할 것이다.

|찾|아|보|기|